m'a-t-elle dit
Je lui a demandé
A-t-il-dit
ai-jedit
lui a-jedit

Patrick Modiano

Un cirque passe

Gallimard

Patrick Modiano est né en 1945 à Boulogne-Billancourt. Il a publié son premier roman, *La place de l'étoile*, en 1968. Il a reçu le prix Goncourt en 1978 pour *Rue des boutiques obscures*.

Auteur d'une vingtaine de romans et de recueils de nouvelles, il a aussi écrit des entretiens avec Emmanuel Berl et, en collaboration avec Louis Malle, le scénario de *Lacombe Lucien*.

Colloctjors

Pour mes parents

J'avais dix-huit ans et cet homme dont j'ai oublié les traits du visage tapait mes réponses à la machine au fur et à mesure que je lui déclinais mon état civil, mon adresse et une prétendue qualité d'étudiant. Il m'a demandé à quoi j'occupais mes loisirs.

J'ai hésité quelques secondes :

— Je vais au cinéma et dans les librairies.

— Vous ne fréquentez pas seulement les cinémas et les librairies.

Il m'a cité le nom d'un café. J'avais beau lui répéter que je n'y avais jamais mis les pieds, je sentais bien qu'il ne me croyait pas. Enfin, il s'est résolu à taper la phrase suivante :

« Je passe mes heures de loisir au cinéma et dans les librairies. Je n'ai jamais fréquenté le café de la Tournelle, 61, quai du même nom. »

De nouveau des questions sur mon emploi du temps et mes parents. Oui, j'assistais aux cours de la faculté des lettres. Je ne risquais rien à lui dire ce mensonge car je m'étais inscrit à cette faculté, mais uniquement pour prolonger mon sursis militaire. Quant à mes parents, ils étaient partis à l'étranger et j'ignorais la date de leur retour, à supposer qu'ils reviennent jamais.

Alors, il m'a cité le nom d'un homme et d'une femme en me demandant si je les connaissais. J'ai répondu non. Il m'a prié de bien réfléchir. Si je ne disais pas la vérité, cela pourrait avoir de très graves conséquences pour moi. Cette menace était proférée d'un ton calme, indifférent. Non, vraiment, je ne connaissais pas ces deux personnes. Il a tapé ma réponse à la machine puis il m'a tendu la feuille au bas de laquelle était écrit : lecture faite, persiste et signe. Je n'ai même pas relu ma déposition et j'ai signé avec un stylo-bille qui traînait sur le bureau.

Avant de partir, je voulais savoir pourquoi j'avais dû subir cet interrogatoire.

— Votre nom figurait sur l'agenda de quelqu'un.

Mais il ne m'a pas dit qui était ce quelqu'un.

— Nous vous convoquerons au cas où nous aurions encore besoin de vous.

Il m'a raccompagné jusqu'à la porte du bureau. Dans le couloir, sur la banquette de cuir, se tenait une fille d'environ vingt-deux ans.

— C'est à votre tour maintenant, a-t-il dit à la fille.

Elle s'est levée. Nous avons échangé un regard,

elle et moi. Par la porte qu'il avait laissée entrouverte, je l'ai vue s'asseoir à la même place que celle que j'occupais un instant auparavant.

*

Je me suis retrouvé sur le quai. Il était environ cinq heures du soir. J'ai marché vers le pont Saint-Michel avec l'idée d'attendre la sortie de cette fille après son interrogatoire. Mais je ne pouvais pas rester planté devant l'entrée du bâtiment de la police. J'ai décidé de me réfugier dans le café qui fait l'angle du quai et du boulevard du Palais. Et si elle avait pris le chemin opposé vers le Pont-Neuf? Mais ça, je n'y avais même pas pensé.

J'étais assis derrière la vitre de la terrasse, le regard fixé vers le quai des Orfèvres. Son interrogatoire a été beaucoup plus long que le mien. La nuit était déjà tombée quand je l'ai vue marcher en direction du café.

Au moment où elle passait devant la terrasse, j'ai frappé du dos de la main sur la vitre. Elle m'a dévisagé avec surprise et elle est venue me rejoindre à l'intérieur.

Elle s'est assise à la table comme si nous nous connaissions et que nous nous étions donné rendez-vous. C'est elle qui a parlé la première :

— Ils vous ont posé beaucoup de questions?

— Mon nom était inscrit sur l'agenda de quelqu'un.

— Et vous savez quelle était cette personne ?

— On n'a pas voulu me le dire. Mais peut-être que vous pourriez me renseigner.

Elle a froncé les sourcils.

— Vous renseigner sur quoi ?

— Je croyais que votre nom figurait aussi sur cet agenda et qu'on vous avait interrogée pour la même chose.

— Non. Moi, c'était juste pour un témoignage.

Elle paraissait préoccupée. J'avais même l'impression qu'elle oubliait peu à peu ma présence. Je restais silencieux. Elle m'a souri. Elle m'a demandé mon âge. Je lui ai répondu vingt et un ans. Je m'étais vieilli de trois ans : l'âge de la majorité, à l'époque.

— Vous travaillez ?

— Je fais du courtage en librairie, lui ai-je dit au hasard et d'un ton que je m'efforçais de rendre ferme.

Elle m'examinait en se demandant sans doute si elle pouvait me faire confiance.

— Vous me rendriez un service ? m'a-t-elle demandé.

*

Place du Châtelet, elle a voulu prendre le métro. C'était l'heure de pointe. Nous nous tenions serrés près des portières. A chaque station, ceux qui descendaient nous poussaient sur le quai. Puis nous remontions dans la voiture avec les nouveaux passagers. Elle appuyait la tête contre mon épaule et elle m'a dit en souriant que « personne ne pourrait nous retrouver dans cette foule ».

A la station Gare-du-Nord, nous étions entraînés dans le flot des voyageurs qui s'écoulait vers les trains de banlieue. Nous avons traversé le hall de la gare et dans la salle des consignes automatiques elle a ouvert un casier et en a sorti une valise de cuir noir.

Je portais la valise qui pesait assez lourd. Je me suis dit qu'elle contenait autre chose que des vêtements. De nouveau, le métro, sur la même ligne, mais dans l'autre direction. Cette fois-ci nous avions des places assises. Nous sommes descendus à Cité.

Au bout du Pont-Neuf, nous avons attendu que le feu passe au rouge. J'étais de plus en plus anxieux. Je me demandais quel serait l'accueil de Grabley, à notre arrivée dans l'appartement. Ne devrais-je pas lui dire quelques mots au sujet de Grabley, de manière qu'elle ne soit pas prise au dépourvu en sa présence ?

Nous longions le bâtiment de la Monnaie. J'ai entendu sonner neuf heures à l'horloge de l'Institut.

— Vous êtes sûr que ça ne dérange personne si je viens chez vous ? m'a-t-elle demandé.

— Non. Personne.

Il n'y avait aucune lumière aux fenêtres de l'appartement qui donnaient sur le quai. Grabley s'était-il retiré dans sa chambre côté cour ? D'habitude, il garait sa voiture au milieu de la petite place qui forme un renfoncement entre la Monnaie et l'Institut, mais elle n'y était pas.

J'ai ouvert la porte du quatrième étage et nous avons traversé le vestibule. Nous sommes entrés dans la pièce qui était le bureau de mon père. La lumière venait d'une ampoule nue qui pendait au plafond. Plus aucun meuble, sauf le vieux canapé aux ramages grenat.

J'ai déposé la valise à côté du canapé. Elle s'est dirigée vers l'une des fenêtres.

— Vous avez une belle vue...

A gauche, l'extrémité du pont des Arts et le Louvre. En face, la pointe de l'île de la Cité et le jardin du Vert-Galant.

Nous nous sommes assis sur le canapé. Elle jetait un regard autour d'elle et semblait étonnée du vide de la pièce.

— Vous êtes en train de déménager ?

Je lui ai dit que, malheureusement, nous devions quitter ces lieux d'ici un mois. Mon père était parti en Suisse pour y finir sa vie.

— Pourquoi la Suisse ?

C'était vraiment trop long à lui expliquer, ce soir-là. J'ai haussé les épaules. Grabley allait rentrer d'un instant à l'autre. Quelle serait sa réaction quand il verrait cette fille et sa valise ? Je craignais qu'il ne téléphonât en Suisse à mon père et que celui-ci, dans un dernier sursaut de dignité vis-à-vis de moi, voulût encore jouer les pères nobles en me parlant de mes études et de mon avenir compromis. Mais c'était bien inutile de sa part.

— Je suis fatiguée...

Je lui ai proposé de s'allonger sur le canapé. Elle n'avait pas ôté son imperméable. Je me suis rappelé que le chauffage ne fonctionnait plus.

— Vous avez faim ? Je vais chercher quelque chose à la cuisine...

Elle se tenait sur le canapé, les jambes repliées, assise sur ses talons.

— Ce n'est pas la peine. Juste quelque chose à boire...

Il n'y avait plus de lumière dans le vestibule. La baie vitrée du large couloir qui menait à la cuisine éclairait la pièce de reflets pâles, comme si c'était la pleine lune. Grabley avait laissé allumé le plafonnier de la cuisine. Devant l'ancien monte-charge, une planche à repasser sur laquelle j'ai reconnu le pantalon de son costume prince-de-galles. Il repassait lui-même ses chemises et ses vêtements. Sur la table de bridge, où je prenais quelquefois mes repas avec lui, un pot de yaourt vide, les épluchures d'une banane et un sachet de Nescafé. Il avait dîné là, ce soir. J'ai découvert deux yaourts, une tranche de saumon, quelques fruits et une bouteille de whisky aux trois quarts vide. A mon retour, elle lisait l'un des magazines que Grabley empilait depuis plusieurs semaines sur la cheminée du bureau, des revues « lestes » comme il le disait

17

lui-même et pour lesquelles il éprouvait une grande prédilection.

J'ai déposé le plateau devant nous, sur le parquet.

Elle avait laissé à côté d'elle le magazine grand ouvert et je distinguais la photo en noir et blanc d'une femme nue, de dos, les cheveux ramenés en queue-de-cheval, la jambe gauche tendue, celle de droite repliée, le genou sur le sommier d'un lit.

— Vous avez de drôles de lectures...

— Non, ce n'est pas moi qui lis ça... c'est un ami de mon père...

Elle croquait une pomme et s'était servi un peu de whisky.

— Qu'est-ce que vous avez mis dans cette valise ? lui ai-je demandé.

— Oh, rien d'intéressant... des affaires personnelles...

— Ça pesait lourd. Je croyais qu'elle contenait des lingots d'or.

Elle a eu un sourire embarrassé. Elle m'a expliqué qu'elle habitait une maison aux environs de Paris, du côté de Saint-Leu-la-Forêt, mais les propriétaires étaient revenus hier soir à l'improviste. Elle avait préféré partir car elle ne s'entendait pas très bien avec eux. Demain, elle prendrait une chambre d'hôtel en attendant un logement définitif.

— Vous pouvez rester ici tant que vous voulez.

J'étais sûr que Grabley, le premier moment de surprise passé, n'y trouverait rien à redire. Quant

18

à l'avis de mon père, il ne comptait plus pour moi.

— Vous avez peut-être sommeil ?

Je me proposais de lui laisser la chambre du haut. Moi je dormirais sur le canapé du bureau.

Je l'ai précédée, la valise à la main, dans le petit escalier qui menait au cinquième étage. La chambre était aussi vide que le bureau. Un lit contre le mur du fond. Il n'y avait plus de table de nuit ni de lampe de chevet. J'ai allumé les néons des deux vitrines, de chaque côté de la cheminée, où mon père rangeait sa collection de figurines d'échecs mais celles-ci avaient disparu, comme la petite armoire chinoise et le faux tableau de Monticelli qui avait laissé sa trace sur la boiserie bleu ciel. J'avais confié ces trois objets à un antiquaire, un certain Dell'Aversano, pour qu'il les vende.

— C'est votre chambre ? m'a-t-elle demandé.

— Oui.

J'avais posé la valise devant la cheminée. Elle s'était mise à la fenêtre comme tout à l'heure, dans le bureau.

— Si vous regardez bien à droite, lui ai-je dit, vous verrez la statue d'Henri IV et la tour Saint-Jacques.

Elle a jeté un œil distrait sur les rayonnages de livres, entre les deux fenêtres. Puis, elle s'est allongée sur le lit et a ôté ses chaussures d'un mouvement nonchalant du pied. Elle m'a demandé où j'allais dormir.

19

— En bas, sur le canapé.

— Restez ici, m'a-t-elle dit. Ça ne me dérange pas.

Elle avait gardé son imperméable. J'ai éteint la lumière des vitrines. Je me suis allongé à côté d'elle.

— Vous ne trouvez pas qu'il fait froid?

Elle s'est rapprochée et elle a posé doucement sa tête contre mon épaule. Des reflets et des ombres en forme de grillage glissaient sur les murs et le plafond.

— Qu'est-ce que c'est? m'a-t-elle demandé.

— Le bateau-mouche qui passe.

Je me suis réveillé en sursaut. La porte d'entrée avait claqué.

Elle était allongée contre moi, nue, dans son imperméable. Il était sept heures du matin. J'ai entendu les pas de Grabley. Il téléphonait dans le bureau. Sa voix devenait de plus en plus forte, comme s'il se disputait avec quelqu'un. Puis il a quitté le bureau et il a rejoint sa chambre.

Elle s'est réveillée à son tour et m'a demandé l'heure. Elle m'a dit qu'elle devait partir. Elle avait laissé des affaires dans la maison de Saint-Leu-la-Forêt et elle préférait aller les chercher le plus tôt possible.

Je lui ai proposé un petit déjeuner. Il restait encore quelques sachets de Nescafé dans la cuisine et l'un de ces paquets de biscuits Choco BN que Grabley achetait régulièrement. Quand je suis revenu au cinquième étage avec le plateau, elle était dans la grande salle de bains. Elle en est sortie, vêtue de sa jupe et de son pull-over noirs.

Elle me téléphonerait au début de l'après-midi. Elle n'avait pas de papier pour noter le numéro. J'ai pris un livre sur les rayonnages, j'ai arraché la page de garde sur laquelle j'ai noté mon nom, mon adresse et DANTON 55-61. Elle l'a pliée en quatre et l'a enfouie dans l'une des poches de son imperméable. Puis, ses lèvres ont effleuré les miennes et elle m'a dit à voix basse qu'elle me remerciait et qu'elle avait hâte de me revoir.

Elle marchait sur le trottoir du quai en direction du pont des Arts.

J'ai attendu quelques instants à la fenêtre en guettant sa silhouette là-bas, sur le pont.

*

J'ai rangé la valise dans le cagibi, en haut de l'escalier. Je l'ai mise à plat sur le parquet. Elle était fermée à clé. Je me suis de nouveau allongé et j'ai senti son parfum au creux de l'un des oreillers. Elle finirait par me confier pourquoi on l'avait interrogée hier après-midi. J'ai essayé de me rappeler les noms des deux personnes que m'avait citées le policier, en me demandant si je les connaissais. L'un des noms avait une consonance comme « Beaufort » ou « Bousquet ». Sur quel agenda avait-il trouvé mon nom à moi ? Peut-être voulait-il se renseigner au sujet de mon père ? Il m'avait demandé dans quel pays étranger il était parti. J'avais brouillé les pistes et répondu :

— En Belgique.

La semaine précédente, j'avais accompagné mon père à la gare de Lyon. Il portait son vieux pardessus bleu marine et il n'avait pour bagage qu'un sac de cuir. Nous étions en avance sur l'horaire, et nous avions attendu le train de Genève dans la grande salle de restaurant du premier étage d'où nous dominions le hall et les voies ferrées. Etait-ce la lumière de fin de jour, les ors du plafond, les lustres dont l'éclat tombait sur nous ? Mon père m'avait paru brusquement vieilli et las, comme quelqu'un qui, depuis trop longtemps, joue « au chat et à la souris » et qui est sur le point de se rendre.

Le seul livre qu'il avait emporté pour ce voyage, s'appelait *La Chasse à courre*. Il me l'avait recommandé à plusieurs reprises, car l'auteur y faisait allusion à notre appartement où il avait habité vingt ans auparavant. Quelle drôle de coïncidence... La vie de mon père, à certaines périodes, n'avait-elle pas ressemblé à une chasse à courre dont il aurait été le gibier ? Mais jusque-là, il avait réussi à semer les chasseurs.

Nous étions face à face devant nos espressos. Il fumait en gardant sa cigarette au coin des lèvres. Il me parlait de mes « études » et de mon avenir. Selon lui, c'était très intéressant de vouloir écrire des romans comme j'en avais l'intention mais il était plus prudent d'obtenir quelques « diplômes ». Je restais muet, à l'écouter. Les termes « diplômes », « situation stable »,

« métier », prenaient un son étrange dans sa bouche. Il les prononçait avec respect et une certaine nostalgie. Au bout d'un instant, il s'est tu, il a soufflé un nuage de fumée et il a haussé les épaules.

Nous n'avons plus échangé une parole jusqu'au moment où il est entré dans le wagon et s'est penché par la vitre baissée. J'étais resté sur le quai.

— Grabley habitera dans l'appartement avec toi. Ensuite, nous prendrons une décision. Il faudra louer un autre appartement.

Mais il l'avait dit sans la moindre conviction. Le train de Genève s'était ébranlé et j'avais eu le sentiment à ce moment-là de voir s'éloigner pour toujours ce visage et ce manteau bleu marine.

*

Vers neuf heures, je suis descendu au quatrième étage. J'avais entendu les pas de Grabley. Il était assis dans sa robe de chambre écossaise, sur le canapé du bureau. A côté de lui, un plateau sur lequel étaient posés une tasse de thé et un Choco BN. Il n'était pas rasé et il avait les traits tirés.

— Bonjour, Obligado...

Il m'avait donné ce surnom à cause d'une dispute amicale entre nous. Un soir, nous nous étions fixé rendez-vous devant un cinéma de l'avenue de la Grande-Armée. Il m'avait expliqué que c'était à la station de métro Obligado. Mais cette station s'appelait maintenant Argentine et il ne voulait pas en convenir. Nous avions fait un pari que j'avais gagné.

— J'ai dormi deux heures, cette nuit. J'ai fait « une tournée ».

Il caressait sa moustache blonde et plissait les yeux.

— Toujours dans les mêmes endroits ?

— Toujours.

Sa « tournée » commençait invariablement à huit heures au café des Deux-Magots où il buvait un apéritif. Puis il gagnait la rive droite et faisait halte place Pigalle. Il restait dans ce quartier jusqu'à l'aube.

— Et vous, Obligado ?

— J'ai hébergé une amie, hier soir.

— Votre père est au courant ?

— Non.

— Vous devriez lui demander son avis. Je vais certainement l'avoir au téléphone.

Il imitait mon père quand celui-ci se voulait grave et responsable, mais cela sonnait encore plus faux que l'original.

— Et quel est le genre de cette jeune fille ?

Il prenait l'expression doucereuse avec laquelle il me proposait, chaque dimanche matin, de l'accompagner à la messe.

— D'abord, ce n'est pas une jeune fille.

— Elle est jolie ?

Je retrouvais ce sourire avantageux et cette

fatuité de voyageur de commerce qui vous raconte ses bonnes fortunes devant une bière, dans un buffet de gare perdu.

— La mienne, de fille, n'était pas mal non plus, cette nuit...

Le ton devenait agressif, comme s'il se mettait en compétition avec moi. Je ne sais plus très bien ce que je ressentais à l'époque en présence de cet homme assis dans le bureau vide qui évoquait un déménagement trop rapide, des meubles et des tableaux en gage au mont-de-piété ou même une saisie. Il était la doublure de mon père, son factotum. Ils avaient fait connaissance très jeunes sur une plage de la côte atlantique et mon père avait dévoyé ce petit-bourgeois français. Depuis trente ans, Grabley vivait dans son ombre. La seule habitude qu'il conservait de son enfance et de sa bonne éducation, c'était d'aller chaque dimanche à la messe.

— Vous me la présenterez, cette fille ?

Il me lançait un clin d'œil complice.

— Nous pourrions même sortir ensemble, si vous voulez... J'aime bien les jeunes couples.

Je nous imaginais, elle et moi, dans la voiture de Grabley qui traversait la Seine en direction de Pigalle. Un jeune couple. Je l'avais accompagné un soir aux Deux-Magots, avant qu'il ne parte pour sa « tournée » habituelle. Nous nous étions assis à une table de la terrasse. J'avais été surpris de le voir saluer au passage un couple d'environ vingt-cinq ans : la femme, une blonde très gracieuse, l'homme, un brun trop élégant. Il était même venu leur parler, debout, devant leur table, pendant que je restais assis à les observer. Leur âge et leur allure formaient un tel contraste avec les manières désuètes de Grabley que je m'étais demandé par quel hasard il avait pu les connaître. L'homme paraissait s'amuser aux propos de Grabley, la femme était plus distante. En les quittant, Grabley avait serré la main de l'homme et salué la femme d'un mouvement cérémonieux de la tête. Quand nous étions sortis, il me les avait présentés mais j'avais oublié leurs noms. Puis, il m'avait dit que ce « jeune homme » était une « relation très utile » et qu'il l'avait connu au cours de ses « tournées » à Pigalle.

— Vous avez l'air pensif, Obligado... Vous êtes amoureux ?

Il s'était levé et se tenait droit devant moi, les mains dans les poches de sa robe de chambre.

— Je vais être obligé de travailler toute la journée. Il faut que je trie et que je déménage tous les papiers du 73.

C'était un bureau qu'avait loué mon père, boulevard Haussmann. J'allais souvent l'y retrouver en fin d'après-midi. Une pièce d'angle très haute de plafond. Le jour entrait par quatre portes-fenêtres qui donnaient sur le boulevard et sur la rue de l'Arcade. Des casiers contre les murs et une table massive sur laquelle étaient rangés des encriers, des porte-buvards et une écritoire.

depuis

A quoi travaillait-il là-bas ? Chaque fois, je le surprenais au téléphone. Après trente ans, je viens de découvrir, par hasard, une enveloppe au dos de laquelle est imprimé : Société Civile d'Etudes de Traitements de Minerais, 73, boulevard Haussmann Paris 8e.

— Vous pouvez me rejoindre au 73 avec votre amie. Nous irons dîner ensemble...

— Je ne crois pas qu'elle sera libre ce soir.

Il paraissait déçu. Il a allumé une cigarette.

— En tout cas, téléphonez-moi au 73 pour me dire ce que vous comptez faire... Je serais ravi de la connaître...

J'ai pensé qu'il fallait prendre mes distances sinon nous risquerions de l'avoir sur le dos vingt-quatre heures sur vingt-quatre. Mais je n'avais jamais su dire non.

Je suis resté dans le bureau, à lire, en attendant son coup de téléphone. Elle m'avait dit : au début de l'après-midi. J'avais posé l'appareil sur le canapé. A partir de trois heures, j'ai ressenti une vague inquiétude qui, peu à peu, s'aggravait. J'ai craint qu'elle ne m'appelle plus. Je tentais vainement de reprendre ma lecture. Enfin le téléphone a sonné.

Elle n'avait pas encore récupéré le reste de ses affaires à Saint-Leu-la-Forêt. Nous nous sommes donné rendez-vous à six heures au Tournon.

J'avais le temps d'aller chez Dell'Aversano pour savoir combien il comptait m'acheter le faux Monticelli, la petite armoire chinoise et les figurines d'échecs que je lui avais confiés.

J'ai traversé le Pont-Neuf et j'ai suivi les quais. Dell'Aversano tenait un magasin d'antiquités rue François-Miron, après l'Hôtel de Ville. Je l'avais connu deux mois auparavant en choisissant quelques livres d'occasion parmi ceux qui étaient rangés sur des étalages à l'entrée du magasin.

C'était un brun, d'une quarantaine d'années, au visage romain et aux yeux clairs. Il parlait français avec un léger accent. Il m'avait expliqué qu'il faisait commerce d'antiquités entre la France et l'Italie, mais je ne lui avais pas posé trop de questions là-dessus.

Il m'attendait. Il m'a emmené boire un café sur le quai près de l'église Saint-Gervais. Il m'a tendu une enveloppe en me disant qu'il m'achetait le tout pour sept mille cinq cents francs. Je l'ai remercié. Je pouvais subsister longtemps grâce à cette somme. Puis, il faudrait quitter l'appartement et se débrouiller tout seul.

Comme s'il devinait mes pensées, Dell'Aversano m'a demandé ce que je comptais faire dans l'avenir.

— Vous savez, ma proposition tient toujours...

Il me souriait. A ma dernière visite, il m'avait expliqué qu'il pouvait me trouver un travail à Rome, chez un libraire de sa connaissance qui avait besoin d'un employé français.

— Vous avez réfléchi ? Vous seriez d'accord pour Rome ?

Je lui ai dit oui. Après tout, je n'avais plus aucune raison de rester à Paris. J'étais sûr que Rome me conviendrait. Là-bas ce serait une nouvelle vie. Il fallait me procurer un plan de cette ville, l'étudier chaque jour, apprendre le nom de toutes les rues et de toutes les places.

— Vous connaissez bien Rome ? lui ai-je demandé.

— Oui. J'y suis né.

Je viendrais lui rendre visite de temps en temps avec mon plan, et je lui poserais des questions sur les quartiers de la ville. Ainsi, à mon arrivée à Rome, je ne serais pas dépaysé.

Est-ce qu'elle accepterait de m'accompagner ? Je lui en parlerais ce soir. Voilà peut-être une solution qui résoudrait ses problèmes à elle aussi.

— Vous avez habité Rome ?

— Bien sûr, m'a-t-il dit. Pendant vingt-cinq ans.

— Dans quelle rue ?

— Je suis né dans le quartier San Lorenzo et ma dernière adresse c'était via Euclide.

J'aurais voulu noter les noms du quartier et de la rue, mais j'essaierais de m'en souvenir et je les chercherais sur le plan.

— Vous pouvez partir le mois prochain m'a-t-il dit. Cet ami vous trouvera un logement. Je ne pense pas que ce travail soit très pénible. Il s'agit de livres français.

Il a aspiré une très longue bouffée de cigarette, puis, d'un geste gracieux, comme au ralenti, il a porté la tasse de café à ses lèvres.

Il m'expliquait qu'à Rome, justement, dans sa jeunesse, ils étaient assis ses amis et lui à la terrasse d'un café. Ils faisaient un concours à celui qui mettrait le plus de temps pour boire une orangeade. Souvent, ça durait tout un après-midi.

J'étais en avance au rendez-vous et je me suis promené dans les allées du Luxembourg. Pour la première fois, j'ai senti que l'hiver approchait. Jusque-là, nous avions traversé des jours d'automne ensoleillés. *in sunshine*

A ma sortie du jardin, la nuit tombait et les gardiens s'apprêtaient à fermer les grilles.

J'ai choisi une place au fond de la salle du Tournon. L'année précédente, ce café avait été pour moi un refuge quand je fréquentais le lycée Henri-IV, la bibliothèque municipale du sixième arrondissement et le cinéma Bonaparte. J'y observais un client assidu, l'écrivain Chester Himes, toujours entouré de musiciens de jazz et de très jolies femmes blondes.

J'étais arrivé au Tournon vers six heures et à six heures et demie elle n'était pas encore là. Chester Himes était assis sur la banquette, près de la vitre, en compagnie de deux femmes. L'une portait des lunettes de soleil. Ils avaient une conversation animée, en anglais. Des clients consommaient, debout devant le zinc. Pour calmer ma nervosité, je tentais de suivre la conversation de Himes et de ses amies, mais ils parlaient trop vite, sauf l'une des femmes à l'accent scandinave dont je comprenais quelques propos. Elle voulait changer d'hôtel et elle demandait à Himes comment s'appelait celui où il avait habité au début de son séjour à Paris.

Je la guettais à travers la vitre. Il faisait nuit. Un taxi s'est arrêté devant le Tournon. Elle en est sortie. Elle était vêtue de son imperméable. Le chauffeur est sorti à son tour. Il a ouvert le coffre arrière et lui a tendu une valise, plus petite que celle d'hier soir.

Elle s'est dirigée vers moi, la valise à la main. Elle paraissait contente de me voir. Elle revenait de Saint-Leu-la-Forêt où elle avait pu récupérer le reste de ses affaires. Elle avait trouvé une chambre d'hôtel pour ce soir. Elle me demandait simplement de ramener cette valise chez moi. Elle préférait qu'elle soit « en lieu sûr » là-bas, avec l'autre. De nouveau, je lui ai dit que ces valises contenaient des lingots d'or. Mais elle m'a répondu qu'il s'agissait tout simplement d'objets qui n'avaient aucune valeur particulière, sauf pour elle.

Je lui ai déclaré, d'un ton persuasif, qu'elle avait eu tort de prendre une chambre d'hôtel car je pouvais l'héberger dans l'appartement, tout le temps qu'elle voudrait.

— Il vaut mieux que je sois à l'hôtel.

J'ai senti une réserve de sa part. Elle me cachait quelque chose et je me demandais si c'était parce qu'elle n'avait pas tout à fait confiance en moi ou qu'elle craignait de me choquer en me révélant la vérité.

— Et vous, qu'avez-vous fait de beau ?

— Rien de spécial. J'ai vendu des meubles de l'appartement pour avoir un peu d'argent.

— Et ça a marché ?

— Oui.

— Vous aviez besoin d'argent ?

Elle me fixait de son regard bleu pâle.

— C'est idiot. Je peux vous en prêter, moi, de l'argent.

Elle me souriait. Le serveur est venu prendre la commande. Elle a voulu une grenadine. Je l'ai imitée.

— J'ai mis un peu d'argent de côté, m'a-t-elle dit. Il est à vous.

— C'est gentil, mais je crois que j'ai trouvé du travail.

Je lui ai fait part de la proposition de Dell'Aversano : aller à Rome pour travailler dans une librairie. J'ai hésité un instant et puis je me suis décidé :

— Vous pourriez venir avec moi...

Elle n'a pas semblé étonnée par ma proposition.

— Oui... Ce serait une bonne idée. Vous savez où vous habiterez à Rome ?

34

— Le libraire chez qui je travaillerai me trouvera un logement.

Elle a bu une gorgée de grenadine. La couleur de celle-ci s'harmonisait très bien avec le bleu pâle de ses yeux.

— Et vous partirez quand ?

— Dans un mois.

Le silence, entre nous. Comme hier, dans le café de l'île de la Cité, j'avais l'impression qu'elle oubliait ma présence et qu'elle risquait de se lever et de prendre congé.

— J'ai toujours rêvé d'aller vivre à Londres ou à Rome, m'a-t-elle dit.

De nouveau son regard se posait sur moi.

— Dans une ville étrangère on peut être tranquille... Personne ne nous connaît...

Elle m'avait déjà fait une réflexion semblable dans le métro hier soir. J'ai voulu savoir si quelqu'un à Paris lui voulait du mal.

— Pas vraiment. C'est à cause de l'interrogatoire d'hier... Je me sens surveillée. Ils vous posent tellement de questions... Ils m'ont interrogée sur des gens que j'ai connus, mais que je ne revois plus depuis longtemps.

Elle a haussé les épaules.

— L'ennuyeux c'est qu'ils ne m'ont pas crue... Ils doivent s'imaginer que je vois toujours ces gens-là...

Des clients venaient s'asseoir à la table voisine de la nôtre. Elle a rapproché son visage du mien.

35

— Et vous ? m'a-t-elle dit à voix basse. Combien ils étaient à vous interroger ?

— Un seul. Celui qui était là quand vous êtes entrée...

— Moi, ils étaient deux. Le second est arrivé au bout d'un moment. Il a fait semblant d'être venu par hasard, mais il s'est mis à me poser des questions. L'autre continuait lui aussi. J'avais l'impression d'être une balle de ping-pong.

— Mais quels sont ces gens que vous avez connus ?

— Je ne les connaissais pas très bien. J'avais dû les rencontrer une ou deux fois, simplement.

Elle voyait que cette réponse ne me satisfaisait pas.

— C'est comme vous, quand on vous a dit que votre nom était inscrit sur un agenda... Vous ne saviez même pas de qui il s'agissait...

— Et maintenant, vous avez l'impression d'être surveillée ?

Elle a froncé les sourcils. Elle me dévisageait avec un drôle de regard, comme si un soupçon l'effleurait brusquement. J'ai deviné à quoi elle pensait : elle m'avait vu pour la première fois quand je sortais du bureau de la police et, trois heures plus tard, j'étais encore dans les parages, assis à la terrasse de ce café.

— Vous croyez que je suis chargé de vous surveiller ? lui ai-je dit en souriant.

— Non. Vous n'avez pas la tête d'un flic. Ni l'âge.

Elle ne me quittait pas des yeux. Son visage s'est détendu et nous avons fini, l'un et l'autre, par éclater de rire.

La valise était moins lourde que celle d'hier soir. Par la rue de Tournon et la rue de Seine, nous avons rejoint le quai. Pas de lumière aux fenêtres de l'appartement. Il était environ sept heures et demie et Grabley, dans le bureau du 73 boulevard Haussmann, devait encore mettre de l'ordre dans des « papiers » dont je n'avais pas soupçonné l'existence. J'avais toujours cru que ce local était aussi vide que les encriers sur la table et que mon père l'occupait comme une salle d'attente. Aussi ai-je été surpris, trente ans plus tard, de découvrir une trace tangible de son passage boulevard Haussmann, sous la forme de cette enveloppe qui portait mention de la Société Civile d'Etudes de Traitements de Minerais. Mais il est vrai qu'une mention au dos d'une enveloppe ne prouve pas grand-chose : vous avez beau la lire et la relire, vous êtes toujours dans l'inconnu.

J'ai voulu lui montrer où j'avais rangé la première valise et nous avons gravi le petit escalier intérieur jusqu'au cinquième étage. La porte du cagibi s'ouvrait sur le côté gauche, juste avant la chambre. Il flottait dans ce cagibi une odeur de cuir et de chypre. J'ai posé la valise que je tenais à la main à côté de l'autre et j'ai éteint la lumière.

37

La clé du cagibi était sur la porte. J'ai fermé celle-ci à double tour et je lui ai tendu la clé.

— Gardez-la, m'a-t-elle dit.

Nous sommes descendus dans le bureau. Elle voulait téléphoner. Elle a composé un numéro mais il ne répondait pas.

Elle a raccroché, l'air déçu.

— Ce soir, je dois dîner avec quelqu'un. Est-ce que vous pourriez m'accompagner?

— Si tu veux.

Je l'avais tutoyée sans y faire attention.

Elle allait ajouter quelque chose, mais elle était visiblement embarrassée.

— Je pourrais vous demander un service? C'est de ne pas parler de cet interrogatoire d'hier et de dire que vous êtes mon frère...

Je n'étais pas surpris de cette proposition. J'étais prêt à faire tout ce qu'elle voudrait.

— Vous avez un frère pour de vrai?

— Non.

Mais cela n'avait aucune importance. Ce « quelqu'un » que nous allions rencontrer tout à l'heure, elle ne le connaissait pas depuis longtemps et il était vraisemblable qu'elle ne lui eût pas signalé jusque-là l'existence d'un frère qui vivait aux environs de Paris. Disons à Montmorency, tout près de Saint-Leu-la-Forêt.

Le téléphone a sonné. Elle a eu un sursaut. J'ai décroché le combiné. Grabley. Il était toujours au 73 du boulevard Haussmann et il avait fait de l'ordre dans un grand nombre de « dossiers ». Il venait d'avoir mon père « au fil » et celui-ci lui avait donné l'instruction de se débarrasser le plus vite possible de tous les papiers. Il hésitait entre deux marches à suivre : attendre que le concierge du 73 ait sorti les poubelles de l'immeuble sur le trottoir du boulevard et y engloutir les « dossiers » ou bien, carrément, les déverser dans une bouche d'égout qu'il avait repérée rue de l'Arcade. Mais dans l'un ou l'autre cas, il risquait d'attirer l'attention sur lui.

— C'est comme si je devais me débarrasser d'un cadavre, mon pauvre Obligado...

Il m'a demandé des nouvelles de mon « amie ». Non, nous ne pourrions pas nous voir tous les trois ce soir. Elle dînait chez son frère quelque part entre Montmorency et Saint-Leu-la-Forêt.

Le taxi nous a déposés au coin de l'avenue des Champs-Elysées et de la rue Washington. C'est elle qui a voulu payer la course.

Nous suivions la rue sur le trottoir de gauche. Nous sommes entrés dans le premier café. Des clients entouraient le flipper, près de la vitre, et pendant que l'un d'eux jouait, ils parlaient bruyamment.

Nous avons traversé la salle. Tout au fond, elle se rétrécissait à la dimension d'un couloir le long duquel se succédaient, comme dans un wagon-restaurant, des tables et des banquettes de moleskine orangée. Un homme brun, d'à peine trente ans, s'est levé à notre arrivée.

Elle a fait les présentations.

— Jacques... Mon frère Lucien...

D'un geste, il nous a invités à nous asseoir sur la banquette vis-à-vis de lui.

— Nous pourrions dîner ici... Vous êtes d'accord ?

40

Et sans même attendre notre réponse, il a levé le bras en direction du serveur qui est venu prendre la commande. Il a choisi un plat du jour pour nous. Elle paraissait indifférente à ce qu'elle allait manger.

Il me dévisageait avec curiosité.

— Je n'étais pas au courant de votre existence... Je suis très heureux de vous connaître...

Il la dévisageait à son tour et son regard se posait sur moi.

— C'est vrai... Vous vous ressemblez...

Mais je discernais un doute dans cette remarque.

— Ansart n'a pas pu venir. Nous le rejoindrons après le dîner.

— Je ne sais pas, a-t-elle dit. Je suis un peu fatiguée et nous devons retourner à Saint-Leu-la-Forêt.

— Ce n'est pas grave. Je vous ramènerai en voiture.

Il avait un visage aimable et une voix douce. Et une certaine élégance dans son costume de flanelle sombre.

— Et qu'est-ce que vous faites dans la vie, Lucien ?

— Il fait encore des études, a-t-elle dit. Des études de lettres.

— Moi aussi, j'ai fait des études. C'était médecine.

Il avait prononcé cette phrase avec une pointe de tristesse comme s'il s'agissait d'un souvenir douloureux. On nous a servi un plat de saumon et de poisson fumés.

— Le patron est danois, m'a-t-il dit. Vous n'aimez peut-être pas la cuisine scandinave ?

— Si, si. J'aime beaucoup.

Elle a éclaté de rire. Il s'est tourné vers elle.

— Qu'est-ce qui te fait rire ?

Lui, il la tutoyait. Depuis combien de temps la connaissait-il et en quelle occasion s'étaient-ils rencontrés ?

— C'est Lucien qui me fait rire.

Et elle me désignait d'un mouvement du menton. Quels étaient leurs liens exacts ? Et pourquoi me faisait-elle passer pour son frère ?

— Je vous aurais volontiers invités à dîner chez moi, a-t-il dit. Mais ce soir je n'avais rien dans la cuisine.

Elle n'avait mangé que quelques bouchées de son plat et allumait une cigarette.

— Tu n'as pas faim ?

— Non. Pas pour le moment.

— Tu as l'air soucieuse...

Et il lui prenait le poignet d'un geste tendre. Elle essayait de se dégager mais il tenait bon et elle finissait par se laisser faire. Il gardait sa main dans la sienne.

— Vous vous connaissez depuis longtemps ? ai-je demandé.

— Gisèle ne vous a jamais parlé de moi ?

— Nous nous sommes très peu vus avec mon frère ces derniers temps, lui a-t-elle dit. Il était toujours en voyage.

Il me lançait un sourire.

— Votre sœur m'a été présentée il y a quinze jours par un ami... Pierre Ansart... Vous connaissez Pierre Ansart ?

— Non, a-t-elle dit. Il ne le connaît pas. *weary*

Elle semblait lasse, brusquement et prête à quitter la table. Mais il la tenait toujours par la main.

— Vous n'êtes pas au courant de la vie de votre sœur ?

Il avait prononcé cette dernière phrase d'un air soupçonneux.

Elle avait ouvert son sac à main et en avait sorti une paire de lunettes de soleil. Elle les a mises.

— Gisèle est très discrète, ai-je dit d'un ton dégagé. Elle ne se confie pas beaucoup.

Cela me faisait drôle de prononcer pour la première fois son prénom. Depuis hier, elle ne m'avait même pas dit comment elle s'appelait. J'ai tourné la tête vers elle. Derrière ses lunettes de soleil, elle était impassible, distante, comme si elle n'avait pas suivi la conversation et que, de toute manière, il s'agissait d'une autre personne qu'elle.

Il a consulté sa montre-bracelet. Il était dix heures et demie.

— Ton frère vient avec nous chez Ansart ?

— Oui, mais pas pour longtemps, a-t-elle dit. Je dois rentrer avec lui ce soir à Saint-Leu-la-Forêt.

— Alors je vous ramènerai en voiture et je retournerai voir Ansart.

— Tu n'as pas l'air content...

— Mais si, a-t-il dit sèchement. Je suis content.

Peut-être n'osait-il pas avoir une explication avec elle en ma présence.

— Ce n'est pas la peine que tu fasses des allées et venues, a-t-elle dit. Nous prendrons un taxi pour rentrer à Saint-Leu-la-Forêt.

*

Nous sommes montés dans une voiture de couleur bleu marine qui était garée dans la contre-allée des Champs-Elysées. Elle s'est assise à l'avant.

— Vous avez votre permis de conduire ? m'a-t-il demandé.

— Non. Pas encore.

Elle s'est tournée vers moi. Je devinais son regard bleu pâle derrière les lunettes de soleil. Elle me souriait.

— C'est drôle... Je n'imagine pas mon frère en train de conduire...

Il avait démarré et suivait lentement l'avenue des Champs-Elysées. Elle était toujours tournée vers moi. D'un mouvement presque imperceptible de la bouche, elle m'envoyait un baiser. J'ai rapproché mon visage du sien. J'étais sur le point de l'embrasser. La présence de cet homme ne me gênait pas du tout. J'avais tellement envie de sentir ses lèvres et de la caresser qu'il ne comptait plus.

— Vous devriez convaincre votre sœur d'utiliser cette voiture. Ça lui éviterait les taxis et le métro...

Sa voix m'a fait sursauter et m'a ramené à la réalité. Elle s'est détournée.

— Tu prends la voiture quand tu veux, Gisèle...

— Je peux la prendre ce soir pour rentrer à Saint-Leu-la-Forêt ?

— Ce soir ? Si tu y tiens vraiment...

— J'ai envie de la prendre ce soir. Il faut que je m'habitue à la conduire.

— Comme tu voudras.

Nous longions le bois de Boulogne. Porte de la Muette. Porte de Passy. J'avais légèrement baissé la vitre et je respirais un courant d'air frais et une odeur de feuillages et de terre mouillés. J'aurais voulu me promener avec elle dans les allées du bois, au bord des lacs, du côté de la Cascade ou de la Croix-Catelan où j'allais souvent, seul, en fin d'après-midi, après avoir pris le métro pour m'éloigner du centre de Paris.

Il s'était engagé dans la rue Raffet et se garait au coin de la rue du Docteur-Blanche. J'ai mieux connu le quartier quelques années plus tard et je suis passé à plusieurs reprises devant l'immeuble où nous avions rejoint Ansart, cette nuit-là.

45

C'était au numéro 14 de la rue Raffet. Mais les détails topographiques ont un drôle d'effet sur moi : loin de me rendre l'image du passé plus proche et plus claire, ils me causent une sensation déchirante de liens tranchés net et de vide.

Nous avons traversé la cour de l'immeuble. Au fond, un petit bâtiment d'un étage. Il a sonné à la porte. Un homme brun, trapu, d'une quarantaine d'années est apparu. Il portait une chemise à col ouvert sous un chandail beige. Il a embrassé Gisèle et donné l'accolade à Jacques.

Nous étions dans une pièce aux murs blancs. Une fille blonde d'une vingtaine d'années était assise sur un divan rouge. Ansart m'a tendu la main avec un large sourire.

— C'est le frère de Gisèle, a dit Jacques. Et lui, c'est Pierre Ansart.

— Enchanté de vous connaître, m'a dit Ansart.

Il parlait d'une voix grave, avec un léger accent faubourien. La fille blonde s'était levée et elle embrassait Gisèle.

— Je vous présente Martine, m'a dit Ansart.

La blonde me saluait d'un léger mouvement de tête et d'un sourire timide.

— Alors, tu nous avais caché l'existence de ton frère ? a dit Ansart.

Il nous regardait, elle et moi, d'un œil aigu. Etait-il dupe de ce mensonge ? Nous avons tous les trois pris place sur des fauteuils de la même couleur rouge que le divan. Ansart s'était assis

46

sur le divan et il entourait du bras l'épaule de la fille blonde.

— Vous avez dîné rue Washington ?

Jacques a acquiescé de la tête. Au fond de la pièce montait un escalier en colimaçon. Par la trappe rabattue, on avait accès à ce qui était, sans doute, la chambre à coucher. A gauche, le salon communiquait avec une grande cuisine qui devait servir de salle à manger et dont je pouvais remarquer, du fauteuil que j'occupais, la blancheur et l'équipement neuf et rutilant.

Ansart avait surpris mon regard.

— C'est un ancien garage que j'ai fait aménager en appartement.

— C'est très agréable, lui ai-je dit.

— Vous voulez boire quelque chose ? Un tilleul ?

La jeune fille blonde s'était levée et se dirigeait vers la cuisine.

— Prépare-nous quatre tilleuls, Martine, a dit Ansart avec une autorité paternelle.

Son regard était toujours fixé sur moi, comme s'il cherchait à deviner à qui il avait affaire.

— Vous êtes très jeune...

J'ai vingt et un ans.

Je renouvelais mon mensonge d'hier. Elle avait ôté ses lunettes de soleil et me dévisageait comme si elle me voyait pour la première fois.

— Il fait des études, a dit Jacques en me regardant lui aussi.

J'étais gêné de me sentir l'objet de leur atten-

tion. Je finissais par me demander ce que je faisais là, au milieu de ces personnes que je ne connaissais pas. Et elle, je ne la connaissais pas plus que les autres.

— Des études de quoi ? a demandé Ansart.

— De lettres, a dit Jacques.

La fille blonde sortait de la cuisine, portant un plateau qu'elle déposait, au milieu de nous, sur la moquette. Elle nous tendait à chacun, d'un geste gracieux, une tasse de tilleul.

— Et quand aurez-vous fini vos études ? m'a demandé Ansart.

— D'ici deux ou trois ans.

— Et en attendant, ce sont vos parents qui veillent à votre entretien, je suppose...

Ils avaient toujours les yeux fixés sur moi, comme si j'étais une bête curieuse. J'avais cru discerner dans la voix d'Ansart un mépris amusé.

— Vous en avez de la chance d'avoir de bons parents qui vous aident...

Il l'avait dit avec une légère amertume et son regard se voilait.

Que lui répondre ? J'ai eu une pensée pour mon père, sa fuite vers la Suisse, Grabley, l'appartement vide, Dell'Aversano, ma mère perdue dans le sud de l'Espagne... Il valait mieux, après tout, qu'il me considère comme un bon jeune homme qui se fait entretenir par ses parents.

— Vous vous trompez, a-t-elle dit brusquement. Personne ne l'aide. Mon frère se débrouille tout seul...

48

J'ai été ému qu'elle vienne à mon secours. J'avais oublié que nous étions frère et sœur et que, par conséquent, nous avions les mêmes parents.

— D'ailleurs il ne nous reste aucune famille. Ça simplifie les choses...

Ansart a eu un large sourire :

— Mes pauvres enfants...

L'atmosphère s'est détendue. La fille blonde nous versait de nouveau du tilleul dans nos tasses vides. Elle paraissait éprouver beaucoup de sympathie pour Gisèle et la tutoyait.

— Tu passes au restaurant ce soir? a demandé Jacques.

— Oui, a dit Ansart.

Gisèle s'est tournée vers moi :

— Pierre a un petit restaurant dans le quartier.

— Oh, trois fois rien, m'a dit Ansart. Une affaire qui battait de l'aile et que j'ai reprise, comme ça, pour m'amuser...

— On vous emmènera dîner là-bas un soir, a dit Jacques.

— Je ne sais pas si mon frère viendra. Il ne sort jamais.

Elle avait pris un ton ferme comme si elle voulait me protéger d'eux.

— Mais ce serait quand même gentil de dîner tous les quatre, a dit la fille blonde.

Elle posait tour à tour son regard franc

sur Gisèle et sur moi. Elle semblait avoir de bonnes intentions à notre égard. *regard*

— Nous devons rentrer à Saint-Leu-la-Forêt, Lucien et moi, a dit Gisèle.

— Vous ne voulez pas rester encore un moment ? a dit Jacques.

J'ai respiré un grand coup et j'ai dit d'une voix assurée :

— Non. Il faut que nous partions tout de suite. Nous avons des problèmes avec la maison, ma sœur et moi...

Elle leur avait certainement parlé de la maison de Saint-Leu-la-Forêt. Peut-être leur avait-elle donné, à ce sujet, d'autres détails que je ne connaissais pas.

— Alors, tu prends la voiture ? a demandé Jacques.

— Oui.

Il s'est tourné vers Ansart :

— Je lui prête la voiture. Ça ne fait rien si je t'emprunte l'une des tiennes ? *loan*

— D'accord. On ira la chercher au garage tout à l'heure.

Nous nous sommes levés, elle et moi. Elle a embrassé la fille blonde. J'ai serré la main d'Ansart et celle de Jacques.

— On se revoit quand ? lui a demandé Jacques.

— Je te téléphonerai. *dissappointed*

Il semblait très déçu qu'elle parte.

— Veillez bien sur votre sœur. *attend to*

Il lui a donné les clés de la voiture.

50

— Sois prudente sur la route. Si demain ça ne répond pas chez moi, tu téléphones au restaurant.

Ansart, lui, me dévisageait, comme il l'avait fait à mon arrivée.

— J'ai été très heureux de vous connaître. Si jamais vous avez besoin de quelque chose...

J'étais surpris de cette brusque sollicitude.

— C'est parfois difficile d'avoir votre âge... Je le sais bien, j'y suis passé moi aussi...

Le regard avait une expression triste qui contrastait avec la voix bien timbrée et les traits énergiques du visage.

La fille blonde nous a accompagnés jusqu'à la porte.

— Nous pourrions nous voir demain, a-t-elle dit à Gisèle. Je reste ici toute la journée.

Sur le seuil, dans la demi-pénombre de la cour, le visage de cette fille paraissait encore plus jeune. J'ai pensé qu'Ansart avait l'âge d'être son père. Nous avions traversé la cour, et elle était restée là, à nous suivre des yeux. Sa silhouette se découpait dans le cadre éclairé de la porte. On aurait cru qu'elle voulait nous rejoindre. Elle nous a fait un signe du bras.

Nous avions oublié où la voiture était garée. Nous descendions la rue, à sa recherche.

— Et si nous prenions le métro ? a-t-elle dit. C'est compliqué, cette voiture... d'ailleurs j'ai dû perdre les clés...

Son ton désinvolte a provoqué chez moi un fou

rire que je lui ai communiqué. Bientôt nous ne parvenions plus à le maîtriser. Nos rires résonnaient dans la rue déserte et silencieuse. Arrivés au bout de celle-ci nous l'avons suivie en sens inverse et sur l'autre trottoir. Enfin, nous avons retrouvé la voiture.

Elle a ouvert la portière après y avoir essayé les quatre clés du trousseau. Nous nous sommes assis sur les banquettes de cuir.

— Maintenant il faut la faire partir, a-t-elle dit.

Elle a réussi à mettre le contact. Elle a fait une brutale marche arrière qu'elle a stoppée juste à l'instant où la voiture montait sur le trottoir et risquait d'emboutir la porte d'un immeuble.

Elle a pris la rue en direction du bois de Boulogne, le buste raide, le visage légèrement tendu en avant, comme si elle était au volant pour la première fois.

Nous avons rejoint les quais par le boulevard Murat. Au moment où celui-ci tourne à angle droit, elle m'a dit :

— J'ai habité par ici.

J'aurais dû lui demander à quel moment et en quelles circonstances, mais j'ai laissé passer l'occasion. On est jeune, on néglige certains détails qui auraient été précieux plus tard. De nouveau, le boulevard tourne à angle droit et débouche sur la Seine.

— Alors vous trouvez que je conduis bien ?

— Très bien.

— Vous n'avez pas peur avec moi ?

— Pas du tout.

Elle a appuyé sur l'accélérateur. A partir du quai Louis-Blériot, la chaussée se rétrécit, mais elle allait de plus en plus vite. Un feu rouge. J'ai craint qu'elle ne le brûle. Mais non. Elle a freiné brusquement.

— Je crois que je suis habituée à cette voiture...

Maintenant, elle roulait à une allure normale. Nous arrivions à la hauteur des jardins du Trocadéro. Elle a traversé le pont d'Iéna, puis elle a longé le Champ-de-Mars.

— Nous allons où ? lui ai-je demandé.

— A mon hôtel. Mais avant, je voudrais chercher quelque chose que j'ai oublié.

Nous étions sur la place déserte de l'Ecole Militaire. Le grand bâtiment semblait abandonné. On devinait le Champ-de-Mars comme une prairie qui descend en pente douce vers la Seine. Elle a continué tout droit. La masse sombre et le mur d'une caserne. J'ai aperçu au bout de la rue le viaduc du métro aérien. Nous nous sommes arrêtés devant un immeuble de la rue Desaix.

— Vous m'attendez ? Je n'en ai pas pour longtemps.

Elle avait laissé la clé de contact sur le tableau de bord. Elle est entrée dans l'immeuble. Je me suis demandé si elle reviendrait. Au bout d'un moment, je suis sorti de la voiture et je me suis planté devant la porte de l'immeuble, une porte vitrée avec des ferronneries. Peut-être y avait-il une double issue. Elle disparaîtrait et me laisserait avec cette voiture inutile. J'ai essayé de me raisonner. Au cas où elle me fausserait compagnie, j'avais quelques points de repère : le café de la rue Washington dont Jacques était un habitué, l'appartement d'Ansart et surtout les valises. Pourquoi cette crainte de la

54

voir disparaître ? Je la connaissais depuis vingt-quatre heures et je ne savais rien d'elle. Même son prénom, je l'avais appris par des tiers. Elle ne tenait pas en place, elle allait d'un endroit à un autre comme si elle fuyait un danger. J'avais l'impression de ne pas pouvoir la retenir.

Je faisais les cent pas sur le trottoir. Derrière moi, j'ai entendu la porte de l'immeuble se refermer. Elle me rejoignait très vite. Elle ne portait plus son imperméable qu'elle tenait plié sur son bras, mais un manteau de fourrure.

— Vous alliez partir ? m'a-t-elle dit. Vous ne vouliez plus m'attendre ?

Elle me lançait un sourire inquiet.

— Pas du tout. J'ai pensé que c'était vous qui m'aviez faussé compagnie.

Elle haussait les épaules.

— C'est idiot... qu'est-ce qui vous a fait croire ça ?

Nous marchions vers la voiture. Je lui avais pris son imperméable que je portais sur mon épaule.

— Vous avez un beau manteau, lui ai-je dit.

Elle était embarrassée.

— Oui... c'est une dame que je connais... Elle habite là... une couturière... je lui avais confié ce manteau pour qu'elle recouse les ourlets.

— Et vous l'aviez prévenue que vous passeriez si tard ?

— Ça ne la dérange pas... elle travaille la nuit...

Elle me cachait la vérité et j'étais sur le point de lui poser des questions précises, mais je me suis retenu. Elle finirait par s'habituer à moi, elle me ferait peu à peu confiance et m'avouerait tout.

Nous étions de nouveau dans la voiture. J'ai déposé son imperméable sur la banquette arrière. Elle a démarré, cette fois-ci en douceur.

— Mon hôtel est tout près...

Pourquoi avait-elle choisi un hôtel dans ce quartier ? Ce n'était certainement pas le fait du hasard. Quelque chose devait la retenir par ici, un point d'ancrage. La présence de cette mystérieuse couturière ?

Nous avons pris l'une des rues qui partent de l'avenue de Suffren en direction de Grenelle, à la frontière du septième et du quinzième arrondissement. Nous nous sommes arrêtés devant un hôtel dont la façade était éclairée par l'enseigne lumineuse d'un garage au tournant de la rue. Elle a sonné et le concierge de nuit est venu nous ouvrir. Nous l'avons suivi jusqu'à la réception. Elle a demandé la clé de sa chambre. Il me lançait un œil soupçonneux.

— Vous pouvez remplir une fiche ? Il me faudrait une pièce d'identité.

Je n'avais pas mon passeport sur moi. De toute manière, j'étais mineur.

Il avait posé la clé sur le comptoir de la réception. Elle l'a prise d'un geste nerveux.

— C'est mon frère...

L'autre a hésité, un instant.

— Alors, il faut le prouver. Il faut me montrer des papiers.

— Je les ai oubliés, ai-je dit.

— Dans ce cas, je ne peux pas vous laisser monter avec mademoiselle.

— Pourquoi ? Puisque c'est mon frère...

Il nous observait tous les deux en silence et m'évoquait le policier de la veille. La lampe éclairait un visage carré, un crâne à moitié chauve. Un téléphone était posé sur le comptoir. Je m'attendais, à chaque seconde, qu'il décroche le combiné et qu'il avertisse de notre présence le commissariat le plus proche.

Nous formions un drôle de couple et nous devions avoir l'air suspect, tous les deux. Je me souviens des fortes mâchoires de cet homme, de sa bouche sans lèvres et du mépris tranquille avec lequel il nous dévisageait. Nous étions à sa merci. Nous n'étions rien.

Je me suis tourné vers elle :

— J'ai dû perdre mes papiers quand nous avons dîné avec maman, ai-je dit d'une voix timide. Maman les a peut-être retrouvés.

J'avais appuyé sur le mot « maman » pour lui donner une impression plus rassurante de nous deux. Elle, au contraire, je la devinais toute prête à affronter ce concierge de nuit.

Elle avait sa clé à la main. Je la lui ai ôtée par surprise, et je l'ai posée doucement sur le bureau de la réception.

— Viens... Nous allons essayer de retrouver ces papiers...

Je l'ai entraînée par le bras. Il fallait marcher une dizaine de mètres jusqu'à la porte de l'hôtel. J'étais sûr que l'homme nous suivait des yeux. Marcher le plus naturellement possible. Surtout, ne pas avoir l'air de fuir. Et s'il avait refermé la porte à clé, et que nous soyons pris au piège ? Mais non.

Dehors, j'étais soulagé. Ce concierge de nuit ne pouvait plus rien contre nous.

— Vous voulez retourner toute seule à votre hôtel ?

— Non. Mais je suis sûre que si nous avions insisté, il nous aurait laissés tranquilles.

— Pas moi.

— Vous aviez peur de lui ?

Elle me considérait avec un sourire moqueur. J'aurais voulu lui avouer que je m'étais vieilli et que je n'avais que dix-huit ans.

— Alors, où allons-nous ? m'a-t-elle demandé.

— Chez moi. Nous serons beaucoup mieux qu'à l'hôtel.

Dans la voiture, tandis que nous suivions l'avenue de Suffren, vers les quais, j'ai ressenti la même appréhension que devant le concierge de nuit. Cette automobile et ce manteau de fourrure qu'elle portait, je me suis demandé s'ils n'attiraient pas encore plus l'attention sur nous. Je craignais qu'au prochain carrefour nous soyons arrêtés par l'un de ces barrages de police fréquents à Paris en ce temps-là, après minuit.

— Est-ce que vous avez votre permis de conduire ?

— Il doit être dans mon sac à main, m'a-t-elle dit. Vous pouvez regarder.

Son sac à main était posé sur le tableau de bord. Il ne contenait pas grand-chose et je suis tombé tout de suite sur le permis de conduire. J'ai été tenté de l'ouvrir pour connaître son nom, son adresse, sa date et son lieu de naissance. Mais je ne l'ai pas fait, par discrétion.

— Et vous croyez que nous avons les papiers de la voiture ?

— Sûrement... quelque part dans la boîte à gants.

Elle a haussé les épaules. Elle paraissait indifférente à tous les dangers que je redoutais pour nous. Elle avait allumé la radio et peu à peu la musique m'apaisait. Je reprenais confiance. Nous n'avions rien fait de mal. Qu'est-ce qu'on aurait bien pu nous reprocher ?

— On devrait descendre dans le Midi avec cette voiture, lui ai-je dit.

— Je croyais que vous vouliez aller à Rome.

Jusque-là, c'était par le train que j'avais imaginé ce voyage à Rome. Maintenant j'essayais d'envisager notre trajet par la route : nous irions

59

d'abord dans le Midi. Puis nous franchirions la frontière à Vintimille. Il suffirait d'un peu de chance et tout se passerait sans encombre. Comme j'étais mineur, j'écrirais moi-même une lettre signée de mon père m'autorisant à un séjour à l'étranger. J'avais l'habitude de ce genre de falsification.

— Vous pensez qu'ils nous prêteraient la voiture ?

— Mais oui... Pourquoi pas ?

Elle ne voulait pas me répondre de manière précise.

— C'est vrai que vous ne les connaissez pas depuis très longtemps...

Elle restait silencieuse. Je suis revenu à la charge.

— Celui qui s'appelle Jacques, vous l'avez connu par Ansart ?

— Oui.

— Mais Jacques, qu'est-ce qu'il fait dans la vie ?

— Il est associé avec Ansart dans des affaires.

— Et Ansart, vous l'avez connu comment ?

— Dans un café.

Elle a ajouté :

— Jacques habite dans un très bel appartement rue Washington. Il s'appelle Jacques de Bavière...

Par la suite j'ai souvent entendu ce nom dans sa bouche : Jacques de Bavière. Est-ce que j'entendais mal ? Et ne s'agissait-il pas d'un nom plus prosaïque comme : de Bavier ou Debaviaire ? Ou simplement d'un pseudonyme ?

60

— Il est de nationalité belge, mais il vit en France depuis toujours. Il habite avec sa belle-mère rue Washington.

— Sa belle-mère ?

— Oui. La veuve de son père. *widow*

Nous étions arrivés au pont de la Concorde. Au lieu de s'engager dans le boulevard Saint-Germain, elle a traversé la Seine.

— Je préfère suivre les quais, a-t-elle dit.

— Ce Jacques de Bavière... il a l'air d'être amoureux de vous...

— Peut-être. Mais je ne veux pas habiter avec lui. Je veux garder mon indépendance.

— Vous préférez rester à Saint-Leu-la-Forêt ?

J'avais pris un ton ironique, comme si je ne croyais pas en l'existence de cette maison de Saint-Leu-la-Forêt.

— J'ai le droit d'avoir ma vie à moi...

— Il faudrait qu'un jour vous m'emmeniez à Saint-Leu...

Elle a souri.

— Vous vous moquez de moi ?

— Pas du tout. Je serais très curieux de voir votre maison...

— Malheureusement, je n'y habite plus depuis hier... Vous le savez bien...

Le Pont-Neuf. Nous suivions le même che-min que celui que nous avions fait à pied, la *route* veille. Elle a garé la voiture dans le renfoncement du quai Conti, au coin de l'impasse.

61

Les fenêtres du bureau et celles de la chambre voisine étaient allumées. Cette fois-ci, nous ne pourrions pas éviter Grabley et cette perspective me mettait mal à l'aise. Je lui ai dit :

— Nous allons marcher sur la pointe des pieds.

Mais à l'instant où nous traversions le vestibule dans la demi-pénombre, Grabley a ouvert la porte de la chambre voisine du bureau.

— Qui va là ? C'est vous, Obligado ?

Il était vêtu de sa robe de chambre écossaise.

— Vous pourriez me présenter...

— Gisèle, ai-je dit d'une voix mal assurée.

— Henri Grabley.

Il s'était avancé vers elle et lui tendait une main qu'elle ne prenait pas.

— Enchanté de vous connaître. Excusez-moi de vous recevoir dans cette tenue.

Il jouait au maître de maison. D'ailleurs toute sa personne correspondait si bien à cet appartement vide...

— Monsieur Grabley est un ami de mon père, lui ai-je dit.

— Son plus vieil ami.

Il nous faisait signe d'entrer dans cette chambre, voisine du bureau, qui n'avait jamais eu d'usage bien déterminé : tantôt salon — le mobilier avait jadis consisté en un canapé de velours bleu nuit, deux bergères de la même couleur, et une table basse — tantôt « chambre d'amis ».

62

Les fenêtres sans rideaux donnaient sur le quai.

— J'en avais assez de la vue sur la cour. Je me suis installé ici. Vous me le permettez, Obligado ?

— Faites comme chez vous.

Il était entré dans la pièce, mais elle et moi nous demeurions sur le seuil. Un matelas était disposé à même le parquet, dans le coin gauche. La lumière venait d'une ampoule fixée à un pied de lampe. Il ne restait plus aucun meuble. Sur la cheminée de marbre, le cabas en ciré noir avec lequel Grabley faisait quelquefois ses courses le matin, et le grand poste de radio.

— Vous préférez que nous allions dans le bureau ?

Il gardait les yeux fixés sur elle, le sourire fat, la tête légèrement relevée.

— Vous êtes ravissante, mademoiselle...

Elle ne réagissait pas à cette remarque mais j'avais peur qu'elle ne s'en aille à cause de lui.

— Vous ne m'en voulez pas pour ma franchise, mademoiselle ?

Notre silence l'embarrassait. Il s'est tourné vers moi.

— Je n'arrive pas à joindre votre père. Le numéro de téléphone qu'il m'a laissé ne répond pas.

Rien d'étonnant à cela. Je pouvais même prévoir que le numéro sonnerait dans le vide pour l'éternité.

— Vous n'avez qu'à insister, lui ai-je dit. Ça finira par répondre.

Il paraissait maintenant un peu désemparé, là, devant nous, comme un camelot qui n'a pas convaincu son public.

— Et si nous dînions tous les trois ensemble, demain ?

— Je ne sais pas si Gisèle sera libre.

Je la regardais, en quête d'un soutien.

— Je vous remercie beaucoup, monsieur, mais je ne pourrais pas être à Paris demain soir.

Je lui étais reconnaissant d'avoir pris ce ton aimable car j'avais craint qu'elle ne lui réponde mal. J'éprouvais soudain de la pitié pour Grabley, avec sa moustache blonde et son cabas sur la cheminée, pour mon père qui avait pris la fuite... Aujourd'hui, je revois cette scène de loin. Derrière la vitre d'une fenêtre, dans une lumière étouffée, je distingue un blond d'une cinquantaine d'années en robe de chambre écossaise, une jeune fille en manteau de fourrure et un jeune homme... L'ampoule, sur le pied de lampe, est trop petite et trop faible. Si je remontais le cours du temps et revenais dans cette même pièce, je pourrais changer l'ampoule. Mais sous une lumière franche, tout cela risquerait de se dissiper.

Dans la chambre du cinquième, elle était allongée contre moi. J'entendais une musique et la voix monotone d'un speaker.

64

En bas, Grabley écoutait la radio.

— Il a l'air bizarre, ce type, m'a-t-elle dit. Qu'est-ce qu'il fait dans la vie?

— Oh, un peu tous les métiers.

Un jour, j'étais tombé sur un portefeuille qu'il avait oublié dans le bureau. Parmi d'autres papiers qu'il contenait, l'un d'eux, très ancien, m'avait surpris : une demande d'immatriculation dans le registre du commerce en qualité de marchand de primeurs et fruits aux halles de Reims.

— Et ton père? C'est le même genre d'homme?

Elle me tutoyait pour la première fois.

— Non. Pas tout à fait...

— Il est parti en Suisse parce qu'il avait des ennuis en France?

— Oui.

Tout cela ne semblait pas la troubler beaucoup.

— Et toi? Tu as une famille? lui ai-je demandé.

— Pas vraiment.

Elle me regardait droit dans les yeux en souriant :

— J'ai un frère qui s'appelle Lucien...

— Mais qu'est-ce que tu fais dans la vie?

— Un peu tous les métiers...

Elle a froncé les sourcils, comme si elle cherchait ses mots. Elle a fini par dire :

— J'ai même été mariée.

J'ai fait semblant de n'avoir pas entendu. Le moindre mot et le moindre geste risquaient d'interrompre cette confidence. Mais elle est redevenue silencieuse, le regard fixé au plafond. Des reflets glissaient sur les murs. Leur forme et leur mouvement évoquaient des feuillages qui bruissent et tremblent sous le vent. C'était le passage du dernier bateau-mouche, avec ses projecteurs braqués sur les façades des quais.

Le lendemain était un samedi. Le soleil et le ciel bleu contrastaient avec les nuages bas et la grisaille de la veille. Sur le quai, l'un des bouquinistes avait déjà ouvert sa boîte. J'ai ressenti une impression de vacances que j'avais déjà connue les rares samedis du passé où je me réveillais dans la même chambre, surpris d'être loin du dortoir du collège.

Elle semblait, ce matin-là, plus détendue que le jour précédent. J'ai pensé à notre prochain départ pour Rome et j'ai décidé de me procurer le plus vite possible un plan de cette ville. Et puis, je lui ai demandé si elle voulait bien aller se promener au bois de Boulogne.

Grabley m'avait laissé un mot dans le bureau :

Mon cher Obligado,
Je dois encore retourner boulevard Haussmann pour faire disparaître le reste des papiers que votre père y a laissés. Ce soir, ce sera ma

67

« tournée ». Si vous désirez vous joindre à moi avec votre amie, rendez-vous à huit heures aux Magots. Cette jeune fille est vraiment charmante... Tâchez de l'entraîner... Je serai ravi de vous présenter au cours de cette soirée une personne qui n'est pas mal non plus.

H. G.

Elle a voulu vérifier si les valises étaient toujours dans le cagibi. Puis elle m'a expliqué qu'elle devait chercher quelque chose avant midi du côté du quai de Passy. Ça tombait bien, puisque c'était sur le chemin du bois de Boulogne.

Au moment d'entrer dans la voiture, je lui ai dit de m'attendre un instant et j'ai couru jusqu'à la boîte du bouquiniste. Dans la rangée des livres consacrés aux voyages et à la géographie, j'ai trouvé un vieux guide de Rome et ce hasard m'est apparu comme un présage favorable.

Nous étions maintenant habitués à cette voiture et il me semblait même qu'elle nous appartenait depuis toujours. Ce samedi matin-là, il y avait très peu de circulation comme à l'une de ces périodes de vacances où la plupart des Parisiens ont quitté leur ville. Nous avons rejoint la rive droite par le pont de la Concorde. Les quais étaient encore plus déserts de ce côté-ci. Après les jardins du Trocadéro, nous nous sommes arrêtés au coin de la rue de l'Alboni, sous le viaduc du métro.

Elle m'a dit de la laisser. Elle m'a donné rendez-vous dans une heure au café, sur le quai.

Elle s'est retournée vers moi et elle m'a fait un signe du bras.

Je me suis demandé si elle n'allait pas disparaître pour de bon. La veille, j'avais un point de repère : je l'avais vue entrer dans un immeuble, mais maintenant, elle n'avait même pas voulu que je l'accompagne jusqu'au bout. Avec elle, je n'étais sûr de rien.

J'ai préféré marcher plutôt que de rester immobile, à attendre dans le café, et j'ai emprunté une par une les rues avoisinantes et les escaliers à balustres et à réverbères. Plus tard, je suis revenu souvent dans ces parages et chaque fois les escaliers de la rue de l'Alboni me rappelaient le samedi où j'avais marché ici, en l'attendant. C'était en novembre, mais dans mon souvenir, à cause du soleil de ce jour-là, une lumière estivale baigne le quartier. Des taches de soleil sur les trottoirs et de l'ombre sous le viaduc du métro. Un passage étroit et obscur qui était jadis un chemin de campagne monte à travers les immeubles jusqu'à la rue Raynouard. La nuit, à la sortie de la station Passy, les réverbères jettent une lumière pâle sur les feuillages.

L'autre jour, j'ai voulu une dernière fois reconnaître les lieux. J'ai débouché dans cette zone de pavillons administratifs, au bord de la Seine. On était en train de détruire la plupart d'entre eux. Des tas de gravats, des murs éventrés, comme après un bombardement. Les bulldozers, de leur mouvement lent, dégageaient les décombres. J'ai fait demi-tour par la rue Charles-Dickens. Je me demandais quelle devait bien être l'adresse où elle allait, ce samedi-là. C'était sûrement rue Charles-Dickens. Quand nous nous étions séparés je l'avais vue tourner à gauche et, une heure plus tard, je m'apprêtais à rejoindre le café du quai où nous avions rendez-vous. Je marchais sur le trottoir de la rue Frémiet en direction de la Seine et j'ai entendu quelqu'un qui m'appelait par mon prénom. Je me suis retourné : Elle s'avançait vers moi et elle tenait en laisse un labrador noir.

*

Le chien, en me voyant, a remué la queue. Il a appuyé ses deux pattes de devant sur mes jambes. Je l'ai caressé.

— C'est drôle... on dirait qu'il te connaît.

— Il est à toi, ce chien ? lui ai-je demandé.

— Oui, mais je l'avais confié à quelqu'un parce que je ne pouvais pas m'occuper de lui ces derniers temps.

— Il s'appelle comment ?

— Raymond.

Elle semblait ravie d'être rentrée en sa possession.

— Et maintenant, tu dois encore aller chercher quelque chose ?

— Non. Pas pour le moment.

Elle me souriait. Elle s'était aperçue, sans doute, que je me moquais gentiment d'elle. Les valises, le manteau de fourrure, le chien... Aujourd'hui je comprends mieux ces allées et venues pour tenter de rassembler les morceaux épars d'une vie.

Le chien s'est glissé dans la voiture et s'est couché sur la banquette arrière comme si cette place lui était habituelle. Elle m'a dit qu'avant d'aller au bois de Boulogne, il fallait qu'elle passe chez Ansart. Elle voulait demander à Jacques de Bavière si nous pouvions garder la voiture. Ansart et Jacques de Bavière étaient toujours ensemble le samedi dans l'appartement ou au restaurant d'Ansart. Ainsi, ces gens avaient leurs habitudes, et moi, maintenant, je faisais plus ou moins partie de leur groupe, sans très bien savoir pourquoi. J'étais ce voyageur qui monte dans un train en marche et se retrouve en compagnie de quatre inconnus. Et il se demande s'il ne s'est pas trompé de train. Mais qu'importe... Autour de lui, les autres commencent à lui parler.

Je me suis retourné vers le chien.

— Et Raymond, est-ce qu'il connaît Ansart et Jacques de Bavière ?

— Oui, il les connaît.

Elle a éclaté de rire. Le chien a relevé la tête et m'a regardé en dressant l'oreille.

Quand elle les avait rencontrés pour la première fois, elle était avec le chien. Elle habitait encore à Saint-Leu-la-Forêt. Les gens à qui elle

71

avait confié le chien, par la suite, avaient une maison près de Saint-Leu-la-Forêt et un appartement à Paris. Ils lui avaient ramené le chien, à Paris, aujourd'hui.

Je me demandais si je devais la croire. Ces explications me paraissaient à la fois trop abondantes et incomplètes, comme si elle cachait la vérité sous une profusion de détails. Pourquoi était-elle restée une heure là-bas alors qu'il s'agissait simplement d'aller chercher un chien ? Et pourquoi n'avait-elle pas voulu que je l'accompagne ? Qui étaient ces gens ?

J'ai pensé que cela ne valait pas la peine que je lui pose ces questions. Je ne la connaissais que depuis quarante-huit heures. Il suffirait de quelques jours d'intimité et les barrières, entre nous, s'effondreraient. Bientôt je saurais tout.

Nous nous sommes arrêtés devant l'immeuble de la rue Raffet et nous avons traversé la cour. Elle n'avait pas mis sa laisse au chien, mais celui-ci nous suivait docilement. C'est Martine, la fille blonde, qui nous a ouvert la porte d'entrée. Elle a embrassé Gisèle. Puis, moi aussi, elle m'a embrassé. J'ai été surpris par cette familiarité.

Ansart et Jacques de Bavière se tenaient tous deux sur le divan et regardaient de grandes photos dont quelques-unes étaient éparses, à leurs pieds, sur la moquette. Ils n'ont pas été surpris par notre arrivée. Le chien est monté sur le divan et leur a fait la fête.

— Alors, tu es contente d'avoir récupéré ton chien ? a dit Jacques de Bavière.

— Très contente.

Ansart rassemblait les photos et les posait sur la table basse.

— Tu n'as pas eu de problèmes avec la voiture ? a demandé Jacques de Bavière.

— Pas du tout.

— Asseyez-vous deux minutes, a dit Ansart avec son accent légèrement faubourien.

Nous avons pris place sur les fauteuils. Le chien est venu se coucher devant Gisèle. Martine s'est assise par terre, entre Jacques de Bavière et Ansart, le dos appuyé contre le rebord du canapé.

— Je voulais vous demander si nous pourrions garder la voiture encore quelque temps, a dit Gisèle.

Jacques de Bavière a eu un sourire ironique :

— Bien sûr. Vous pouvez la garder tant que vous voulez.

— A une seule condition... a dit Ansart.

Il levait le doigt pour réclamer notre attention. Le visage fendu d'un sourire, on aurait cru qu'il allait proférer une bonne plaisanterie.

— A la condition que vous me rendiez un service...

Il a pris une cigarette dans le paquet, sur la table basse, puis il l'a allumée nerveusement avec un briquet. Il me regardait, droit dans les yeux, comme si c'était à moi qu'il s'adressait et que Gisèle était déjà plus ou moins au courant.

— Voilà... C'est très simple... il suffirait que vous me serviez de messagers...

Jacques de Bavière et Martine contemplaient le chien qui demeurait dans une position de sphinx, aux pieds de Gisèle, mais j'avais l'impression que c'était pour se donner une contenance et ne pas croiser mon regard. Ils craignaient peut-être que je sois choqué par la proposition d'Ansart.

— Ce n'est pas très compliqué... Demain après-midi, vous irez dans un café que je vous indiquerai... Vous attendrez que ce type entre dans le café...

Il prenait l'une des photos sur la table basse et nous la montrait de loin. Le visage d'un homme brun, d'une quarantaine d'années. Gisèle n'avait pas l'air étonnée par cette proposition mais Ansart s'était sûrement rendu compte de ma méfiance. Il s'est penché vers moi :

— Rassurez-vous. Il n'y a rien de plus banal... Cet homme est une de mes relations d'affaires... Quand il se sera installé à une table, l'un de vous deux se présentera à lui et dira simplement ceci : « Monsieur Pierre Ansart vous attend dans la voiture au coin de la rue... »

De nouveau il souriait, d'un grand sourire enfantin. Décidément, son visage respirait la franchise.

J'aurais aimé connaître l'avis de Gisèle. Elle s'était penchée et avait pris la photo qu'Ansart avait déposée sur la table basse. Nous la regardions tous les deux. On aurait dit un agrandissement d'une photo d'identité. Un visage aux traits réguliers. Des cheveux noirs ramenés en arrière. Un front dégagé.

Martine et Jacques de Bavière regardaient eux aussi les autres photos qui représentaient le même homme, sous des angles différents, seul ou en compagnie d'autres personnes.

— Et qu'est-ce qu'il fait dans la vie ? ai-je demandé d'une voix timide.

— Un métier tout à fait honorable, a dit Ansart sans nous donner d'autres précisions. Donc, vous attendrez l'arrivée de cet homme et vous lui transmettrez mon message... ça se passera à Neuilly, tout près du bois de Boulogne.

— Et après ? a demandé Gisèle.

— Après, vous avez quartier libre. Et comme je n'ai pas l'habitude de faire travailler les gens pour rien, je vous offre deux mille francs à chacun pour cette corvée.

— Je vous remercie mais je n'ai pas besoin d'argent, ai-je dit.

— C'est idiot, mon petit. On a toujours besoin d'argent à votre âge...

Le ton était paternel et le regard d'une expression si douce et si triste que cet homme m'inspirait brusquement une certaine sympathie.

Il y a eu un beau soleil tout l'après-midi mais nous étions dans cette période de l'année où la nuit tombe vers cinq heures. Ansart a voulu que nous allions déjeuner dans son restaurant. Il était situé un peu plus au nord du seizième arrondissement, rue des Belles-Feuilles. Ansart, Jacques de Bavière et Martine sont montés dans une voiture noire et nous les avons suivis à travers les rues vides du samedi.

— Tu crois qu'on peut lui rendre le service qu'il nous a demandé ? ai-je dit à Gisèle.

— Ça ne nous engage à rien...

— Mais à part ce restaurant, tu ne sais pas quel genre de métier il exerce ?

— Non.

— Ce serait intéressant de le savoir...

— Tu crois ?

Elle a haussé les épaules. A un feu rouge, boulevard Suchet, nous les avons rejoints. Les deux voitures attendaient, côte à côte. Martine était assise à l'arrière et elle nous a souri. Ansart et Jacques de Bavière étaient absorbés dans une conversation très sérieuse. D'un mouvement de l'index Jacques de Bavière a jeté la cendre de sa cigarette par la vitre à moitié baissée.

— Tu es déjà allée dans son restaurant ?

— Oui, deux ou trois fois. Tu sais, je ne les connais pas depuis très longtemps...

En effet, elle ne les connaissait que depuis trois semaines. Rien ne nous liait à eux d'une manière définitive, à moins qu'elle me cachât quelque chose. Je lui ai demandé si elle avait l'intention de continuer de les fréquenter. Elle m'a expliqué que Jacques de Bavière avait été très gentil avec elle et qu'il lui avait rendu service dès leur première rencontre. Il lui avait même prêté de l'argent.

— Ce n'est pas à cause d'eux que tu as été interrogée par la police, l'autre jour ?

Cette idée m'avait brusquement traversé l'esprit.

— Mais non. Pas du tout...

Elle fronçait les sourcils et me jetait un regard soucieux.

— Il ne faut surtout pas qu'ils sachent que j'ai été interrogée...

Elle m'avait déjà fait cette recommandation la veille, sans m'en dire plus.

— Pourquoi ? Ils peuvent avoir des ennuis à cause de ça ?

Elle avait appuyé sur l'accélérateur. Le chien

s'est dressé sur la banquette arrière et il a posé sa tête au creux de mon épaule.

— Ils m'ont convoquée là-bas parce qu'ils ont trouvé mon nom sur une fiche d'hôtel. Mais de toute façon, j'aurais été les voir de mon plein gré...

— Pourquoi ?

Nous avions dépassé la voiture d'Ansart et de Jacques de Bavière. Nous roulions très vite et il m'avait semblé que nous avions brûlé un feu rouge. Je sentais le souffle du chien dans mon cou.

— J'ai quitté mon mari et il m'a fait rechercher. Les derniers mois où j'étais avec lui, il ne cessait de me menacer... J'ai tout raconté à la police...

— Tu vivais avec lui à Saint-Leu-la-Forêt ?

— Non.

Elle m'avait répondu sèchement. Elle regrettait déjà de s'être confiée à moi. J'ai risqué une autre question :

— Ton mari, c'est quel genre d'homme ?

— Oh... Un homme comme tout le monde...

J'ai compris que je ne tirerais plus rien d'elle, pour le moment. Les autres nous avaient rattrapés. Jacques de Bavière s'est penché par la vitre baissée. Il a crié :

— Vous vous croyez aux Vingt-Quatre Heures du Mans ?

Et ils nous ont doublés, puis ils ont ralenti leur allure. Elle aussi. Nous roulions maintenant derrière eux, tout près, et les pare-chocs se touchaient presque.

— Après le déjeuner, nous pourrons nous promener tous les deux au bois de Boulogne ? lui ai-je demandé.

— Bien sûr... Nous ne sommes pas obligés de rester avec eux...

J'étais heureux qu'elle me le dise. Je me sentais dépendant des adultes et de leur bon vouloir. Le collège que j'avais connu pendant six ans et la menace d'un prochain départ pour la caserne me donnaient l'impression de dérober chaque instant de liberté et de vivre en fraude.

— C'est vrai... On n'a pas de compte à leur rendre...

Cette remarque l'a fait rire. Le chien me soufflait toujours dans le cou et de temps en temps me passait sa langue râpeuse sur l'oreille.

Le restaurant s'appelait du nom de la rue : Les Belles Feuilles.

Une petite salle. Des boiseries claires. Un bar d'acajou. Des tables recouvertes de nappes blanches et des banquettes de moleskine rouge.

Quand nous sommes entrés, trois clients déjeunaient. Nous avons été reçus par le serveur, un brun d'environ trente-cinq ans en veste blanche qu'ils appelaient Rémy. Il nous a installés à l'une des tables du fond. Gisèle n'avait pas quitté son manteau de fourrure.

Elle a dit à Ansart :

— Vous croyez qu'il y aurait quelque chose à manger pour le chien ?

— Bien sûr.

Il a appelé Rémy et nous avons tous choisi le plat du jour. Ansart s'est levé et s'est dirigé vers la table des clients. Il leur parlait avec beaucoup de courtoisie. Puis il est venu nous rejoindre.

— Alors, qu'est-ce que vous pensez de mon

établissement ? m'a-t-il dit en me gratifiant de son large sourire.

— J'aime beaucoup.   *carcool*

— C'était un ancien café-charbons que je fréquentais quand j'avais votre âge, pendant la guerre. A l'époque je n'aurais jamais pu penser que je le transformerais en restaurant.

Il était tout prêt à me faire des confidences. A cause de ma timidité ? De mes yeux attentifs ? De mon âge qui lui rappelait des souvenirs ?

— A partir d'aujourd'hui, vous avez table ouverte.

— Merci.

Jacques de Bavière était allé téléphoner au bar. Il se tenait debout derrière celui-ci, comme s'il était le patron.

— J'ai une clientèle tout à fait calme, a dit Ansart. Des gens du quartier...

— Et vous aussi, vous vous occupez du restaurant ? ai-je demandé à Martine.

— Elle m'a juste un peu aidé pour la décoration.

Il lui posait une main affectueuse sur l'épaule. J'aurais aimé savoir en quelle occasion ils s'étaient rencontrés l'un et l'autre et comment Ansart et Jacques de Bavière s'étaient connus eux aussi. Ansart avait au moins une dizaine d'années de plus que lui. Je l'imaginais à mon âge, un soir de novembre, entrant dans ce café qui ne devait pas encore s'appeler « Les Belles Feuilles ». Que faisait-il à l'époque dans le quartier ?

*

Après le déjeuner, nous sommes restés un moment à bavarder sur le trottoir. Gisèle leur a expliqué que nous allions promener le chien au bois. Ansart voulait déposer Jacques de Bavière chez lui, rue Washington. Nous leur avons dit que ce n'était pas la peine et que Jacques de Bavière pouvait reprendre sa voiture. Mais non, il tenait à nous la laisser. C'était très gentil de sa part.

J'ai demandé à Ansart en quel endroit de Neuilly nous devions remplir notre curieuse mission de demain soir.

C'était rue de la Ferme, à la lisière du bois.

— Vous voulez reconnaître les lieux ? Vous avez raison. C'est plus prudent. Il vaut mieux repérer toutes les issues de secours à l'avance.

Et il m'a tapoté l'épaule, le visage fendu de son sourire franc.

Passé la porte Dauphine, nous avons pris la route qui mène aux lacs et nous nous sommes garés devant le Pavillon Royal. Un samedi après-midi ensoleillé de fin d'automne, comme ces samedis de mon enfance où j'arrivais à la même heure dans le même lieu, par l'autobus 63 qui s'arrêtait Porte de la Muette. Il y avait déjà beaucoup de monde au guichet où on loue les barques.

Nous marchions le long du lac. Elle avait ôté sa laisse au chien qui courait dans l'allée devant

82

nous. Quand il avait pris trop d'avance, elle l'appelait : Raymond ! et aussitôt il faisait demi-tour. Nous avons dépassé l'embarcadère d'où part le canot à moteur pour rejoindre le Chalet des Iles.

— Nous sommes obligés d'aller les retrouver tout à l'heure ?

Elle a levé la tête vers moi et m'a fixé de ses yeux bleu pâle.

— Il vaut mieux, m'a-t-elle dit. Ils peuvent nous aider... Et puis ils nous ont prêté la voiture.

— Tu crois vraiment qu'il faut accepter ce qu'ils nous ont demandé de faire ?

— Tu as peur ?

Elle m'avait pris le bras et nous suivions l'allée qui était de plus en plus étroite, entre les arbres.

— Si nous rendons service à Pierre, nous pourrons lui demander n'importe quoi. Pierre est très gentil, tu sais...

— Lui demander quoi, par exemple ?

— De nous aider pour ce voyage à Rome.

Elle n'avait pas oublié le projet dont je lui avais parlé. Je gardais le guide de Rome dans l'une de mes poches et je l'avais déjà consulté à plusieurs reprises.

— Moi aussi, m'a-t-elle dit, je serais mieux à Rome.

J'aurais voulu qu'elle m'explique une fois pour toutes sa situation.

— Mais qu'est-ce qui se passe au juste avec ton mari ?

Elle s'est arrêtée de marcher. Le chien était monté sur le talus et reniflait le tronc des arbres. Elle me serrait plus fort le bras.

— Il essaie de me trouver, mais il n'y arrive pas pour le moment. J'ai quand même toujours peur de tomber sur lui.

— Il est à Paris ?

— De temps en temps.

— Ansart et Jacques de Bavière sont au courant ?

— Non. Mais il faut être gentils avec eux. Ils peuvent me protéger contre lui.

— Et quel est son métier ?

— Oh... Ça dépend des jours...

Nous étions au Carrefour des Cascades. Nous avons longé l'autre côté du lac. Elle ne m'a plus fait beaucoup de confidences, sinon qu'elle s'était mariée à dix-neuf ans et que son mari était plus âgé qu'elle. Je lui ai proposé de passer en voiture à l'endroit où Ansart nous avait fixé notre mission.

Nous avons coupé par le bois jusqu'à la lisière de Neuilly et nous avons rejoint la rue de la Ferme. L'endroit du rendez-vous était un bar-restaurant, à l'angle de la rue de Longchamp. Les derniers rayons de soleil s'attardaient sur les trottoirs.

Cela me faisait drôle de me retrouver par ici. Je connaissais bien ce quartier. Je l'avais fréquenté avec mon père et l'un de ses amis, puis avec Charell et Karvé, des camarades de collège. Il n'y

84

avait pas un seul promeneur rue de la Ferme et les manèges paraissaient fermés.

La nuit était déjà tombée à notre retour chez Ansart. Lui et Jacques de Bavière étaient assis sur le divan rouge, comme la première fois. Martine a apporté, de la cuisine, un plateau, avec du thé et des petits fours.

Les photos étaient toujours sur la table basse. J'en ai pris une, au hasard, mais c'était celle que j'avais déjà vue.

— Vous croyez que nous pourrons le reconnaître ? ai-je demandé à Ansart.

— Mais oui. Il n'y aura sans doute pas grand monde dans le café demain soir... Et je vais vous donner un détail qui vous sautera aux yeux tout de suite : ce type portera certainement une culotte de cheval.

J'ai aspiré un grand coup pour me donner du courage et je lui ai dit :

— Mais pourquoi vous n'allez pas vous-même dans ce café ?

Ansart a posé sur moi le regard triste et tendre qui contrastait avec son large sourire.

— Vous allez tout de suite comprendre le problème : il n'y avait pas de rendez-vous entre ce type et moi, demain soir... Ce sera une surprise pour lui...

— Une bonne surprise ?

85

Il n'a pas répondu à ma question. Je crois que s'il n'avait pas eu son regard si tendre, j'aurais éprouvé une certaine inquiétude. Martine nous versait le thé. Ansart laissait tomber, dans nos tasses, à Gisèle et à moi, un morceau de sucre qu'il avait pris entre pouce et index.

— Ne vous faites pas de souci, a dit Jacques de Bavière en regardant distraitement l'une des photos. C'est une blague que nous lui préparons...

Je n'en étais pas vraiment convaincu mais Gisèle, à côté de moi, semblait trouver tout cela naturel. Elle buvait son thé à petites gorgées. Elle a donné un morceau de sucre au chien.

— Ce monsieur monte à cheval ? ai-je dit pour rompre le silence.

Jacques de Bavière a fait un signe affirmatif de la tête.

— Je l'ai connu dans un manège de la rue de la Ferme où je loue un box pour mon cheval.

Gisèle s'est tournée vers moi et comme si elle voulait que la conversation prenne un tour plus futile :

— Jacques a un très joli cheval. Il s'appelle Plaine au Cerf.

— Je ne sais pas si je le garderai encore longtemps, a dit Jacques de Bavière. Un cheval, ça coûte cher et je n'ai plus beaucoup le loisir d'en profiter.

Il n'avait pas l'accent légèrement faubourien d'Ansart et l'existence de ce cheval m'intriguait.

J'aurais été curieux de voir l'appartement de la rue Washington et cette « belle-mère » dont Gisèle m'avait parlé.

— Demain, vous pouvez passer d'abord ici ou venir directement rue de la Ferme, a dit Ansart. N'oubliez pas... le rendez-vous est à six heures... Tenez, ça, c'est pour vous et pour votre sœur...

Et il m'a tendu deux enveloppes que je n'ai pas osé refuser.

*

Nous nous sommes arrêtés vers le haut des Champs-Elysées et nous avons eu de la peine à nous garer. Dehors, l'air était aussi tiède qu'un samedi soir de printemps.

Nous avons décidé d'aller au cinéma, mais nous ne voulions pas abandonner le chien dans la voiture. J'ai pensé qu'au Napoléon, du côté de l'avenue de la Grande-Armée, on serait plus indulgent à l'égard du chien que dans les grandes salles d'exclusivité. En effet, la dame de la caisse et l'ouvreuse l'ont laissé entrer avec nous. Le film s'appelait *L'Aventurier du Rio Grande*.

A la sortie du cinéma, je lui ai proposé de dîner dans un restaurant. Je gardais toujours sur moi les sept mille cinq cents francs de Dell'Aversano, auxquels étaient venues s'ajouter les deux enveloppes que m'avait données Ansart et qui contenaient, chacune, deux mille francs.

Je voulais l'inviter, mais j'étais intimidé par les restaurants des Champs-Elysées. Je lui ai demandé d'en choisir un.

— On pourrait retourner rue Washington, m'a-t-elle dit.

Je craignais d'y rencontrer Jacques de Bavière. Elle m'a rassuré. Il resterait avec Ansart et ne rentrerait que très tard chez lui.

Nous étions assis près de la vitre.

— Jacques habite en face.

Et elle me désignait la porte cochère du numéro 22.

J'aurais préféré que nous oubliions leur existence, mais c'était difficile tant que nous n'aurions pas quitté Paris. Puisqu'elle me disait que ces gens pouvaient nous aider, je voulais bien la croire. J'aurais simplement aimé en savoir plus long sur eux.

— Tu es déjà allée dans l'appartement de Jacques de Bavière ? lui ai-je demandé.

— Oui. Plusieurs fois.

— Je serais curieux de voir quel genre d'endroit il habite...

— Sa belle-mère doit être là.

Après le dîner, nous avons traversé la rue et, devant la porte cochère du 22, j'ai eu un instant d'hésitation.

— Ce n'est pas la peine...

Elle a insisté. Nous dirions à la belle-mère que nous avions rendez-vous avec Jacques de Bavière ou, tout simplement, que nous étions dans le quartier et que nous avions eu l'idée de lui rendre visite.

— Mais il n'est pas trop tard pour une visite ? Tu la connais, cette femme ?

— Un peu.

Nous sommes entrés au 22 et Gisèle a sonné à une porte du rez-de-chaussée. Au-dessus de la sonnette, sur une petite plaque d'argent était gravé un nom : Ellen James.

Une voix de femme a demandé :

— Qui est-ce ?

Un œilleton était fixé à la porte. Elle devait nous observer.

— Nous sommes des amis de Jacques, a dit Gisèle.

La porte s'est ouverte sur une femme blonde d'environ quarante-cinq ans, vêtue d'une robe de soie noire. A son cou, un rang de perles.

— Ah, c'est vous... a-t-elle dit à Gisèle. Je ne vous reconnaissais pas...

Elle m'a jeté un regard interrogateur.

— Mon frère, a dit Gisèle.

— Entrez...

Des appliques aux verres dépolis éclairaient faiblement le vestibule. Sur un canapé, contre le mur, étaient jetés pêle-mêle des manteaux d'hommes et de femmes.

— Je ne savais pas que vous aviez un chien, a-t-elle dit à Gisèle.

Elle nous a entraînés dans un grand salon dont les portes-fenêtres donnaient sur un jardin. Tout au fond, de la pièce voisine, nous parvenait un brouhaha de conversations.

— Je reçois des amis pour une partie de cartes. Mais Jacques n'est pas là ce soir...

Elle ne nous demandait pas de nous débarrasser de nos manteaux. J'avais l'impression qu'elle allait prendre congé de nous pour rejoindre les autres et nous laisser seuls dans ce salon.

— Je ne sais pas à quelle heure il rentrera...

Elle avait une expression inquiète dans le regard.

— Vous l'avez vu aujourd'hui ? a-t-elle demandé à Gisèle.

— Oui, nous avons déjeuné ensemble. Monsieur Ansart nous a emmenés dans son restaurant.

Le visage de la femme blonde s'est détendu.

— Moi, je ne l'ai pas vu ce matin... il est parti très tôt...

C'était une jolie femme, mais je me souviens que ce soir-là elle me semblait déjà vieille, une adulte de l'âge de mes parents. J'avais éprouvé un sentiment analogue vis-à-vis d'Ansart. Jacques de Bavière, lui, me faisait penser à ces jeunes gens qui partaient pour la guerre d'Algérie quand j'avais seize ans.

— Vous m'excusez, a-t-elle dit, mais je dois rejoindre mes invités.

J'ai jeté un regard rapide sur le salon. Boiseries bleu ciel, paravent, cheminée de marbre clair, glaces et miroirs. Au pied d'une console, la moquette était usée jusqu'à la trame et, sur l'un des murs, j'ai remarqué les traces d'un tableau qu'on avait enlevé. Derrière les portes-fenêtres se découpaient des bouquets d'arbres sous la lune, et je ne distinguais pas les limites du jardin.

— On se croit à la campagne, n'est-ce pas ? m'a dit la femme blonde qui avait surpris mon regard. Le jardin va jusqu'aux immeubles de la rue de Berri...

J'avais envie de lui demander de but en blanc si elle était vraiment la belle-mère de Jacques de Bavière. Elle nous a raccompagnés jusqu'à la porte.

— Si je vois Jacques, vous avez un message à lui laisser ?

Elle avait posé cette question distraitement. Elle avait hâte, sans doute, de retrouver ses invités.

*

Il était encore tôt. Les gens faisaient la queue au cinéma Normandie pour la seconde séance du soir.

Nous descendions l'avenue avec le chien.

— Tu crois vraiment que c'est sa belle-mère ? ai-je demandé.

— C'est ce qu'il dit. Il m'a expliqué qu'elle tient un club de bridge dans l'appartement et que, de temps en temps, il s'en occupe avec elle.

Un club de bridge. Voilà qui expliquait la sensation de malaise que j'avais éprouvée. Je n'aurais pas été surpris si les meubles avaient été recouverts de housses. J'avais même remarqué des piles de magazines sur une table basse, comme dans ces salons qui servent de salles d'attente aux dentistes. Ainsi l'appartement qu'habitaient Jacques de Bavière et sa prétendue belle-mère n'était en réalité qu'un club de bridge. J'ai pensé à mon père. Lui aussi aurait volontiers recouru à un tel procédé, et Grabley aurait servi de secrétaire et de portier. Décidément, ils étaient tous du même monde.

Nous étions arrivés à la hauteur des arcades du Lido. Une envie brutale de fuir cette ville m'a saisi, comme si je sentais une menace rôder autour de moi.

— Qu'est-ce que tu as ? Tu es tout pâle...

Elle s'était arrêtée de marcher. Un groupe de promeneurs nous a bousculés au passage. Le chien, la tête levée vers nous, semblait inquiet lui aussi.

— Ce n'est rien... Un étourdissement...

Je me suis efforcé de sourire.

— Tu veux t'asseoir un moment pour boire quelque chose ?

Elle me désignait la terrasse d'un café mais je ne pouvais pas m'asseoir au milieu de cette foule du samedi soir. J'allais étouffer. De toute manière, il n'y avait pas de place libre.

— Non... continuons de marcher... ça ira mieux...

Je lui ai pris la main.

— Tu ne voudrais pas que nous partions tout

92

de suite à Rome ? lui ai-je dit. Sinon, j'ai l'impression qu'il sera trop tard...

Elle me regardait, les yeux écarquillés.

— Pourquoi, tout de suite ? Il faut attendre qu'Ansart et Jacques de Bavière nous aident... Nous ne pouvons pas grand-chose sans eux...

— Et si on traversait ? C'est plus calme de l'autre côté...

En effet, il y avait moins de monde sur le trottoir de gauche. Nous marchions en direction de l'Etoile, là où nous avions garé la voiture. Et aujourd'hui que j'essaie de me souvenir de ce soir-là, je vois deux silhouettes avec un chien, qui remontent l'avenue. Autour d'eux, les promeneurs sont de plus en plus rares, les terrasses des cafés se vident, les cinémas s'éteignent. Dans mon rêve, cette nuit, j'étais assis à une terrasse des Champs-Elysées parmi quelques clients tardifs. On avait déjà éteint la lumière de la salle et le garçon disposait les chaises sur les tables pour nous faire comprendre qu'il était temps de partir. Je suis sorti. Je marchais vers l'Etoile et j'ai entendu une voix lointaine me dire : « Il faut attendre qu'Ansart et Jacques de Bavière nous aident », — sa voix grave, toujours un peu enrouée.

*

Quai Conti, les fenêtres du bureau étaient éclairées. Grabley avait-il oublié d'éteindre la lumière quand il était parti pour sa tournée ?

Au moment où nous traversions le vestibule dans la demi-pénombre, avec le chien, nous avons entendu des éclats de rire.

Nous marchions sur la pointe des pieds et Gisèle tenait le chien par le collier. Nous espérions nous glisser dans l'escalier sans attirer l'attention de personne. Mais juste à l'instant où nous arrivions devant la porte entrebâillée du bureau, elle s'est ouverte brusquement et Grabley est apparu, un verre à la main.

Il a eu un sursaut en nous voyant. Il restait debout dans l'embrasure de la porte et considérait le chien avec surprise.

— Tiens... Je ne le connais pas, celui-là...

Avait-il trop bu ? D'un geste cérémonieux, il nous faisait signe d'entrer.

Une petite jeune femme brune au visage rond et aux cheveux courts était assise sur le canapé. A ses pieds, une bouteille de champagne. Elle tenait un verre à la main et notre arrivée n'a paru en rien la troubler. Grabley nous a présentés.

— Sylvette... Obligado et Mademoiselle...

Elle nous a souri.

— Vous pourriez leur offrir un peu de champagne, a-t-elle dit à Grabley. Ça me gêne de boire toute seule.

— Je vais chercher des verres...

Mais il n'en trouverait pas à la cuisine. Il n'en restait que deux : le sien et celui de la fille. Il serait contraint de ramener des tasses, ou même l'un de ces gobelets en carton que nous utilisions depuis plusieurs semaines.

— Ne vous dérangez pas, lui ai-je dit.

Le chien s'est approché de la petite brune. Gisèle l'a retenu par le collier.

— Laissez-le... j'aime beaucoup les chiens...

Elle lui caressait le front.

— Devinez où j'ai fait la connaissance de Sylvette ? a demandé Grabley.

— Vous croyez vraiment que ça les intéresse ? lui a-t-elle dit.

— Je l'ai connue à la Tomate...

Gisèle fronçait les sourcils. J'avais peur qu'elle ne nous fausse compagnie.

La petite brune buvait une gorgée de champagne, pour se donner une contenance.

— Vous ne connaissez pas la Tomate, Obligado ?

Je me suis souvenu que je passais devant cet établissement chaque dimanche soir quand j'allais chercher ma mère qui jouait dans un théâtre du quartier Pigalle.

— Je suis danseuse, a-t-elle dit d'un air embarrassé, et ils m'ont engagée pour quinze jours là-bas... mais je ne vais pas y rester... C'est moche, comme spectacle...

— Pas du tout, a dit Grabley.

Elle a rougi et elle a baissé les yeux.

C'était idiot d'éprouver un sentiment de gêne à notre égard. Je me suis rappelé ces dimanches soir où je traversais Paris à pied, de la Rive

Gauche à Pigalle, et l'enseigne lumineuse au bout de la rue Notre-Dame-de-Lorette, rouge, puis verte, puis bleue.

LA TOMATE
STRIP-TEASE
PERMANENT

Un peu plus haut, le théâtre Fontaine. Ma mère y jouait un vaudeville : *La Princesse parfumée*. Et nos retours par le dernier autobus dans cet appartement du quai Conti, presque aussi délabré que ce soir.

— A la santé de la Tomate, a dit Grabley en levant son verre.

La petite brune a levé son verre, elle aussi, comme par défi. Nous restions immobiles, Gisèle et moi. Et le chien. Leurs verres se sont entrechoqués. Il y a eu un long moment de silence. Nous étions tous debout sous la lumière blafarde de l'ampoule du plafond, l'air de fêter un mystérieux anniversaire.

— Excusez-moi, a dit Gisèle, je tombe de sommeil.

— Demain dimanche, nous pourrions tous aller à la Tomate pour voir Sylvette, a dit Grabley.

De nouveau, j'ai pensé aux anciens dimanches soir.

*

J'ai dormi d'un sommeil agité. De temps en temps, je me réveillais en sursaut et je vérifiais si elle était bien à côté de moi sur le lit. J'avais la fièvre. La chambre s'était transformée en compartiment de chemin de fer. Les silhouettes de Grabley et de la petite brune apparaissaient dans le cadre de la vitre. Ils étaient debout sur le quai et ils attendaient notre départ. Ils tenaient l'un et l'autre un gobelet de carton et ils levaient le bras pour trinquer, comme au ralenti. J'entendais la voix de Grabley, à moitié étouffée :

— Rendez-vous demain dimanche à la Tomate...

Mais je savais bien que nous n'irions pas au rendez-vous. Nous quittions Paris pour toujours. Le train s'ébranlait. Les immeubles et les pavillons de la banlieue se découpaient une dernière fois, noirs dans un ciel de crépuscule. Nous étions serrés sur une couchette et les cahots du wagon nous secouaient très fort. Demain matin, le train s'arrêterait sur un quai inondé de soleil.

C'était dimanche. Nous nous sommes levés très tard, avec l'impression d'être grippés. Il fallait trouver une pharmacie de garde dans le quartier pour acheter un tube d'aspirine. Et de toute manière, nous devions sortir le chien.

Grabley était déjà parti. Il avait laissé un mot, bien en évidence sur le canapé du bureau.

Mon cher Obligado,

Vous n'êtes pas encore réveillé, et moi je vais à la messe de onze heures à Saint-Germain-des-Prés.

Votre père a téléphoné ce matin mais la communication était très mauvaise car il appelait d'une cabine téléphonique en plein air : on entendait des klaxons et des bruits de circulation qui étouffaient sa voix.

Nous avons d'ailleurs été coupés mais je suis sûr qu'il rappellera. La vie ne doit pas être facile pour lui en Suisse. Je l'avais dissuadé d'aller là-bas. C'est un pays dur pour ceux qui n'ont pas de fonds...

Nous vous attendons de pied ferme ce soir dimanche à la Tomate. Les deux dernières séances sont à vingt heures et vingt-deux heures trente. A votre choix.

Nous irons souper ensuite dans le quartier. Soyez des nôtres.

Henri

Une pharmacie était ouverte rue Saint-André-des-Arts. Nous sommes allés prendre les cachets d'aspirine dans un café, sur le quai, puis nous avons marché jusqu'au pont de la Tournelle après avoir enlevé sa laisse au chien.

Il faisait beau, comme la veille, mais plus froid, si bien qu'on se serait cru dans une journée ensoleillée de février. Bientôt ce serait le printemps. Du moins, je me berçais de cette illusion car la perspective de passer tout l'hiver à Paris sans être sûr de pouvoir rester dans l'appartement me causait une légère inquiétude.

Au cours de notre promenade, nous nous sommes sentis mieux. Nous avons déjeuné dans un hôtel du quai des Grands-Augustins qui s'appelait Le Relais Bisson. Quand nous nous sommes aperçus que les plats étaient très chers, nous avons commandé simplement un potage, un dessert et un peu de viande hachée pour le chien.

Et l'après-midi s'est écoulée dans une douce

torpeur sur le lit de la chambre du cinquième et, plus tard, à écouter la radio. Nous avions branché le poste dans le bureau. Je me souviens que l'émission était consacrée à des musiciens de jazz.

Brusquement, le charme s'est dissipé. Dans une heure, nous devions être au rendez-vous que nous avait fixé Ansart.

— Et si on lui posait un lapin ? ai-je demandé.

Elle a hésité un moment. Je la sentais presque convaincue.

— Alors, il ne faut plus les voir du tout et laisser la voiture rue Raffet...

Elle avait pris une cigarette dans un paquet de Camel que Grabley avait oublié. Elle l'a allumée et elle a aspiré une bouffée. Elle toussait. C'était la première fois que je la voyais fumer.

— Ce serait idiot de nous fâcher avec eux...

J'étais déçu qu'elle ait changé d'avis. Elle a écrasé sa cigarette dans le cendrier.

— On va faire ce qu'ils nous ont dit et, ensuite, je demanderai beaucoup d'argent à Ansart pour que nous puissions partir à Rome.

J'avais l'impression qu'elle disait cela pour me convaincre mais qu'elle n'y croyait pas. Un dernier rayon de soleil baignait la pointe de l'île, tout au bout du jardin du Vert-Galant. Il n'y avait plus que de rares passants sur le quai et les bouquinistes fermaient leurs boîtes. J'ai entendu sonner cinq heures à l'horloge de l'Institut.

Nous avions décidé de laisser le chien dans l'appartement avec l'intention de venir le plus vite possible le retrouver. Mais une fois la porte fermée, il ne cessait d'aboyer et de pousser des gémissements. Alors, nous nous sommes résignés à ce qu'il nous accompagne au rendez-vous.

Il faisait encore jour quand nous sommes arrivés au bois de Boulogne. Nous étions en avance et nous nous sommes arrêtés devant l'ancien château de Madrid. Nous avons marché dans la clairière aux pins parasols jusqu'à la mare Saint-James où j'avais vu glisser des patineurs, un hiver de mon enfance. Le parfum de la terre mouillée et la nuit tombante m'ont de nouveau rappelé les anciens dimanches soir, jusqu'à provoquer chez moi une angoisse aussi sourde que celle que j'éprouvais à la perspective de rentrer le lendemain matin au collège. Bien sûr, aujourd'hui, la situation était différente, je marchais dans ce bois de Boulogne avec elle et

101

non plus avec mon père, avec mes amis Charell ou Karvé. Mais quelque chose d'identique flottait dans l'air, la même odeur, et c'était aussi un dimanche.

— On y va... m'a-t-elle dit.

Elle aussi avait l'air angoissé. Pour me rassurer, je ne quittais pas du regard le chien qui courait devant nous. Je lui ai demandé si nous prenions la voiture. Elle m'a dit que ce n'était pas la peine.

Nous suivions à pied la rue de la Ferme. Maintenant elle tenait le chien en laisse. Nous sommes passés devant le portail des Charell puis devant le manège Howlett qui semblait abandonné. Les Charell avaient certainement quitté leur maison. Ils appartenaient à cette catégorie de gens qui ne se fixent nulle part. Où pouvait bien se trouver Alain Charell, ce soir ? Quelque part au Mexique ? J'entendais un claquement lointain de sabots. Je me suis retourné : deux cavaliers, dont je ne distinguais que les silhouettes, venaient d'apparaître au début de la rue. L'un d'eux était-il l'homme que nous devions aborder tout à l'heure ?

Ils se rapprochaient de nous, peu à peu. Il était encore temps de rebrousser chemin, de prendre la voiture, de la laisser devant l'immeuble de la rue Raffet et de disparaître avec le chien sans jamais plus donner de nouvelles.

Elle m'a serré le bras très fort.

102

— Ça ne va pas durer longtemps, m'a-t-elle dit.

— Tu crois ?

— Dès qu'on a parlé à ce type, on quitte le café et on les laisse se débrouiller.

Les deux cavaliers avaient tourné à droite, dans la petite rue Saint-James. Le claquement des sabots s'est éteint.

Nous étions arrivés devant le café. Là-bas, dans la partie de la rue de la Ferme qui rejoint la Seine, j'ai remarqué la voiture d'Ansart. Quelqu'un était assis sur l'un des garde-boue. Jacques de Bavière ? Je n'en étais pas sûr. Deux silhouettes occupaient la banquette avant.

Nous sommes entrés. J'ai été surpris par le confort de l'endroit car je m'attendais à un simple café. Un bar et des tables rondes en acajou. Des fauteuils d'un cuir un peu usé. Des boiseries aux murs. Dans la cheminée de brique, on avait allumé un feu.

Nous avons pris place à la table la plus proche de l'entrée. Autour de nous, quelques clients, mais parmi eux, je n'ai pas reconnu l'homme.

Le chien s'était couché docilement à nos pieds. Nous avons commandé deux cafés et j'ai réglé la note pour partir aussitôt que nous aurions transmis le message à cet inconnu.

Gisèle avait sorti de la poche de son imperméable le paquet de cigarettes de Grabley et en allumait une. Elle tirait une bouffée, maladroitement. Sa main tremblait.

Je lui ai demandé :

— Tu as peur ?

— Pas du tout.

La porte s'est ouverte et trois personnes sont entrées : une femme et deux hommes. L'un d'eux était bien celui de la photo : le front large, les cheveux très bruns ramenés en arrière.

Ils poursuivaient une conversation animée. La femme a éclaté de rire.

Ils se sont assis à une table, au fond, près de la cheminée. L'homme avait ôté son manteau bleu marine. Il ne portait pas de culotte de cheval.

Gisèle a écrasé la cigarette dans le cendrier. Elle gardait la tête baissée. Cherchait-elle à éviter le regard de l'homme ?

Il nous faisait face, là-bas, à la table du fond. Les deux autres, une brune d'une trentaine d'années et un blond au visage étroit et au nez aquilin, se tenaient de profil. *profile* *narrow*

La femme parlait assez fort. L'homme avait l'air plus jeune que sur la grande photo d'identité.

Je me suis levé, les mains moites. *sticky*

J'avançais, j'étais debout devant leur table. Ils ont interrompu leur conversation.

Je me suis penché vers lui :

— Je suis chargé d'un message pour vous.

— Un message de la part de qui ?

Il avait une voix au timbre aigu, comme étranglé, et il paraissait irrité que je vienne le déranger.

104

— De la part de Pierre Ansart. Il vous attend dans la voiture, au coin de la rue.

Je m'étais raidi et j'avais prononcé cette phrase en m'efforçant d'articuler les syllabes le mieux possible.

— Ansart ? *express*

Son visage exprimait l'embarras de quelqu'un que l'on rappelle à l'ordre dans un lieu et à un moment où il ne s'y attendait pas.

— Et il veut me voir tout de suite ?

— Oui.

Il jetait un regard soucieux vers l'entrée du bar.

— Vous m'excusez un moment, a-t-il dit à ses deux voisins. Je dois juste aller saluer un ami qui m'attend dehors.

Les deux autres me considéraient avec une certaine hauteur : à cause de mon extrême jeunesse et de ma tenue négligée ? J'ai pensé qu'ils pourraient me reconnaître plus tard. Est-ce qu'ils avaient remarqué la présence de Gisèle ?

Il s'est levé et a enfilé son manteau bleu marine. Il s'est tourné vers le blond et lui a dit :

— Tu réserves pour ce soir... Nous serons huit...

— C'est idiot, a dit la femme. J'aurais pu organiser un dîner chez moi...

— Mais non... A tout de suite...

Je restais planté devant eux. Il m'a dit :

— Alors, elle est où, cette voiture ?

— Je vais vous montrer.

Je l'ai précédé vers la sortie. Gisèle attendait,

debout devant la table avec le chien. Il a paru surpris de sa présence. J'ai ouvert la porte et je les ai laissés passer tous les deux.

La voiture s'était rapprochée. Ils l'avaient garée au coin de la rue de Longchamp. Jacques de Bavière se tenait debout, légèrement appuyé contre la carrosserie. Ansart est sorti en laissant la portière avant ouverte et nous a fait un signe du bras. La rue était bien éclairée. Dans l'air froid et limpide, les façades d'immeubles, les pans de murs, l'automobile se découpaient nettement.

L'homme s'est avancé vers eux, et nous, nous sommes restés immobiles sur le trottoir. Il nous avait oubliés. Il a levé le bras, lui aussi, à l'intention d'Ansart.

Il a dit :

— Quelle surprise...

Ansart et lui parlaient tous les deux au milieu de la rue. Nous entendions seulement le murmure des voix. Nous aurions pu les rejoindre. Il aurait suffi de quelques pas. Mais il me semblait que si nous allions à leur rencontre nous entrerions dans une zone dangereuse. D'ailleurs, ni Ansart ni Jacques de Bavière ne nous prêtaient la moindre attention. Brusquement, ils se trouvaient loin de nous, dans un autre espace, et aujourd'hui que cette scène s'est figée pour toujours, je dirais : dans un autre temps.

Le chien lui-même, qui n'était pas retenu par sa laisse, demeurait immobile, à nos côtés,

106

comme s'il sentait lui aussi une frontière invisible entre eux et nous.

Jacques de Bavière a ouvert l'une des portières et a laissé entrer l'homme, puis il s'est assis à côté de lui. Ansart a pris place à l'avant. Celui qui était au volant n'avait pas quitté la voiture et je n'avais pu distinguer les traits de son visage. Les portières ont claqué. La voiture a fait un demi-tour, et par la rue de la Ferme, s'est dirigée vers la Seine.

Je l'ai suivie des yeux jusqu'à ce qu'elle disparaisse au tournant du quai.

*

J'ai demandé à Gisèle :

— Tu crois qu'ils vont où ?

— Ils l'emmènent rue Raffet...

— Mais il a dit à ses amis qu'il revenait tout de suite...

Et pourtant, ils ne l'avaient pas poussé de force dans la voiture. C'était sans doute Ansart qui l'avait convaincu de les accompagner pendant leur brève conversation au milieu de la rue.

— Je vais peut-être prévenir les deux autres de ne pas l'attendre, ai-je dit.

— Non... il ne faut pas nous mêler de ça...

J'ai été surpris par son ton catégorique et j'ai eu l'impression qu'elle en savait plus que moi.

— Tu crois vraiment qu'on ne doit pas les prévenir ?

— Mais non... Ils vont se méfier de nous... et nous poser des questions...

Je m'imaginais debout devant leur table, leur expliquant que leur ami était parti en voiture. Et les questions tomberaient en coups de poing, de plus en plus nombreuses et insistantes :

Vous l'avez bien vu partir ? avec qui ?

Quels sont ceux qui vous ont chargé de ce message ?

Où habitent ces gens ?

Qui êtes-vous exactement ?

Et moi, ne pouvant même plus m'enfuir sous l'avalanche de leurs questions, les jambes de plomb comme dans les mauvais rêves.

— On ne devrait pas rester là, lui ai-je dit.

Ils risquaient de sortir d'un instant à l'autre pour voir si leur ami était bien là. Nous avons suivi la rue de la Ferme vers le bois. A la hauteur de l'ancien domicile des Charell, je me suis demandé ce qu'aurait pensé Alain de ces événements.

J'éprouvais une sensation de malaise. Un homme avait quitté deux personnes en leur disant : « A tout de suite. » On l'avait fait monter dans une voiture qui avait pris la direction de la Seine. Nous étions, elle et moi, les témoins mais aussi les complices de cette disparition. Tout cela s'était passé dans une rue de Neuilly, près du bois de Boulogne, un quartier qui me rappelait d'autres dimanches... Je me promenais dans les allées du bois avec mon père et l'un de ses amis, un homme très grand, très mince, auquel il ne restait, d'une période plus faste de sa vie, qu'une pelisse et un blazer qu'il portait selon la saison. J'avais remarqué, à l'époque, combien ses vêtements étaient usés. Nous le raccompagnions le soir, jusqu'à un hôtel de Neuilly qui avait l'apparence d'une pension de famille. Sa chambre, disait-il, était petite mais assez confortable.

— A quoi penses-tu ?

Elle m'avait pris le bras. Nous longions la clairière aux pins parasols. En la traversant, nous serions arrivés plus vite à l'endroit où était garée la voiture. Mais il faisait trop noir et seul le boulevard Richard-Wallace était éclairé.

Je pensais à la silhouette de cet homme, à son sourire et à son visage à peine vieilli. Mais au bout d'un moment, on voyait bien qu'il faisait corps avec le blazer et la pelisse élimés et qu'un ressort, en lui, s'était brisé. Qui était-il ? Qu'avait-il bien pu devenir ? Il avait certainement disparu, comme l'autre, tout à l'heure.

*

Elle a démarré et nous roulions vers le jardin d'Acclimatation. Je regardais les lumières aux fenêtres des immeubles.

Elle s'était arrêtée au feu rouge de l'avenue de Madrid. Elle fronçait les sourcils. Elle semblait éprouver le même malaise que moi.

Les façades défilaient avec leurs lumières.

C'était dommage que nous ne connaissions personne. Nous aurions sonné à la porte de l'un de ces appartements feutrés. Nous aurions été invités à dîner en compagnie de gens distingués et rassurants. La phrase de l'homme m'est revenue à l'esprit :

— Tu réserves pour ce soir... Nous serons huit...

Est-ce qu'ils avaient quand même fait la réservation après avoir attendu vainement son retour ? Dans ce cas-là, les sept convives se retrouveraient tous et attendraient encore le huitième. Mais le siège resterait vide.

Un restaurant ouvert le dimanche soir... Nous en fréquentions un, mon père, son ami et moi, près de l'Etoile. Nous y allions tôt, vers sept heures et demie. Les clients commençaient d'arriver quand nous avions achevé notre dîner. Un dimanche soir, des gens très élégants sont entrés en groupe et, malgré mes onze ans, j'avais été frappé par la beauté et l'éclat des femmes. Le regard de l'une d'elles s'est posé brusquement sur l'ami de mon père. Il portait son blazer élimé. Elle paraissait stupéfaite de le voir là, mais au bout d'un instant son visage est redevenu lisse et impassible. Elle est allée s'asseoir avec ses compagnons à une table éloignée de la nôtre.

Lui, il était devenu très pâle. Il s'est penché vers mon père et il a dit une phrase qui s'est inscrite dans ma mémoire :

— Gaëlle vient de passer... je l'ai reconnue tout

de suite... Mais moi, j'ai tellement changé depuis la fin de la guerre...

Nous étions arrivés à la porte Maillot. Elle s'est tournée vers moi.

— Tu veux aller où ?

— Je ne sais pas...

Nous étions désemparés, l'un et l'autre. Sonner chez Ansart pour en savoir plus long ? Mais nous n'avions pas à nous mêler de leurs affaires. J'aurais voulu ne plus jamais revoir ces gens et quitter Paris très vite.

— C'est maintenant que nous devrions partir à Rome, lui ai-je dit.

— Oui, mais nous n'avons pas assez d'argent.

Je gardais sur moi les sept mille cinq cents francs que m'avait donnés Dell'Aversano et les quatre mille francs d'Ansart. C'était bien suffisant. Je n'osais pas lui demander combien elle avait d'argent, elle.

Je lui ai répété qu'on m'avait promis un travail régulier à Rome et que nous n'aurions plus aucun problème. Je finissais par la convaincre.

— Il faudra qu'on emmène le chien, m'a-t-elle dit.

— Bien sûr...

Après un moment de réflexion, elle a ajouté :

— Le plus pratique, ce serait d'y aller avec cette voiture. Même si on ne leur demande pas leur avis, ils ne pourront pas porter plainte...

Elle a ri, d'un rire nerveux. En effet, ils ne porteraient pas plainte puisque ce soir nous étions devenus leurs complices et qu'ils devaient compter sur notre silence. Cette pensée me faisait froid dans le dos. C'était bien moi qui avais prononcé la phrase : « Je suis chargé d'un message pour vous de la part de Pierre Ansart. Il vous attend dans la voiture, au coin de la rue. » Et cela, devant deux témoins. Et j'avais touché de l'argent.

Mon visage a certainement pris une drôle d'expression car elle m'a entouré l'épaule de son bras et j'ai senti ses lèvres m'effleurer la joue.

— Ne te fais pas de souci, m'a-t-elle dit à l'oreille.

— On passe voir Grabley... ? Il sera vers neuf heures à la Tomate...

La sonorité du mot « tomate » avait quelque chose de bon enfant et de rassurant.

— Si tu veux...

Bien sûr, je n'espérais pas le moindre appui moral de la part de Grabley. Il avait un point commun avec mon père : l'un et l'autre portaient des costumes, des cravates et des chaussures comme tout le monde. Ils parlaient français sans accent, fumaient des cigarettes, buvaient des espressos et mangeaient des huîtres. Mais en leur compagnie, un doute vous prenait et vous aviez envie de les toucher, comme on palpe un tissu, pour vous assurer qu'ils existaient vraiment.

— Tu crois qu'il peut faire quelque chose pour nous ? m'a-t-elle demandé.

— Qui sait ?

Il était trop tôt pour aller le retrouver. Il fallait attendre encore deux heures. A gauche, tout près, sur l'avenue, j'ai remarqué la façade illuminée du Maillot Palace, et je lui ai proposé de voir le film qu'on y jouait : *La Reine de la prairie*. L'ouvreuse n'a fait aucune remarque au sujet du chien.

Quand nous nous sommes assis sur les fauteuils de velours rouge, mon malaise s'est dissipé.

*

La rue Notre-Dame-de-Lorette était obscure et les trottoirs déserts. A cette heure-là, les gens achevaient de dîner et ils allaient se coucher tôt. Demain, il faudrait retourner au collège et au travail. Là-haut, l'enseigne lumineuse de la Tomate brillait pour rien, dans une rue morte. Qui pouvait bien assister à la séance du dimanche soir ? Un marin en permission, avant de reprendre à la gare Saint-Lazare le train de Cherbourg ?

L'ouvreuse nous a indiqué le chemin des coulisses. Elles étaient en sous-sol. Nous avons descendu un escalier qui menait à un petit hall dont les murs étaient décorés de vieilles affiches de l'établissement.

Grabley se tenait devant l'une des portes qui ouvraient sur les loges, en costume prince-de-galles et cravate de daim. Il paraissait soucieux.

— Quelle bonne surprise... c'est gentil de venir...

Mais il nous a confié que Sylvette était de très mauvaise humeur et qu'en ce moment elle se changeait dans sa loge. Nous avions bien fait de venir maintenant, car il n'y aurait pas de séance à dix heures et demie. Il nous a suggéré d'aller dans la salle. Je lui ai répondu que nous préférions rester ici, avec lui. De toute façon, on n'aurait pas laissé entrer le chien.

— C'est dommage pour vous.

Il était visiblement dépité de notre manque d'enthousiasme pour le spectacle.

La porte de la loge s'est ouverte et Sylvette est apparue. Elle portait un loup noir et une guêpière en tissu léopard. Elle nous a salués, d'une voix sèche. Puis, se tournant vers Grabley, elle lui a dit qu'il n'était pas obligé de l'attendre dans les coulisses. Elle avait honte de participer à ce spectacle, mais s'il fallait que quelqu'un l'accompagne et reste dans sa loge, c'était encore pire... Le ton est monté. Oui, n'importe quel homme sensible aurait compris que pour une danseuse, il était humiliant de se galvauder mais il fallait bien gagner sa vie puisque personne ne vous aidait. Ensuite, elle lui a reproché de nous avoir fait venir. Quand même, elle n'était pas encore tout à fait devenue une bête de cirque ou un animal que l'on va voir au zoo le dimanche.

114

Grabley baissait la tête. Elle nous a plantés là et s'est dirigée vers l'escalier qu'elle a commencé de gravir sur ses talons hauts, et son déhanchement m'a aussitôt évoqué quelque chose : mais oui, cette fille nue aux cheveux ramenés en queue de cheval qui figurait dans l'un des magazines du bureau, c'était elle.

Grabley l'avait suivie des yeux jusqu'à ce qu'elle disparaisse. Les premières mesures d'une musique mexicaine ont éclaté avec leurs trompettes. Elle venait certainement d'entrer en scène.

— Elle est très dure, très dure... a-t-il dit.

Nous avons échangé un regard, Gisèle et moi, et nous avons eu du mal à maîtriser un fou rire. Heureusement, il ne nous prêtait aucune attention. Il fixait le haut de l'escalier, hébété, comme si elle avait disparu pour toujours.

Au bout d'un instant, nous ne savions pas si nous devions prendre congé. Et je n'avais plus envie de rire. A cause de la lumière jaune du hall, des vieilles affiches aux murs indiquant que cet établissement avait été un théâtre de chansonniers, des trompettes mexicaines et de cet homme habillé de prince-de-galles et cravaté de daim, qui s'était fait rabrouer ? Il planait sur nous une tristesse diffuse.

De nouveau, j'ai pensé à mon père. Je l'imaginais dans la même situation, vêtu de son manteau bleu marine et attendant derrière la porte d'une loge d'un établissement semblable à celui-

ci : quelque « Kit Cat » ou quelque « Carrousel »
de Genève ou de Lausanne. Je me suis rappelé le
dernier Noël que nous avions passé ensemble.
J'avais quinze ans. Il était venu me chercher dans
un collège de Haute-Savoie où l'on ne pouvait pas
me garder pour les vacances.

A Genève, une femme l'attendait, plus jeune
que lui de vingt ans, une Italienne aux cheveux
jaune paille, et nous avions pris tous les trois
l'avion pour Rome. De ce séjour, il reste une
photo que j'ai découverte au fond d'une malle
pleine de papiers, trente ans plus tard. Elle fixe à
jamais l'image d'un réveillon de nouvel an, dans
une boîte de nuit proche de la via Veneto, où
l'Italienne nous avait traînés après une scène
qu'elle avait faite à mon père : on entendait les
éclats de voix dans le couloir de l'hôtel.

Nous sommes assis devant un seau à champagne. Quelques couples dansent derrière nous.
Autour de la table, un homme brun, les cheveux
plaqués en arrière. Sur son visage, une expression de gaieté forcée. A côté de lui, une femme
d'une trentaine d'années, le fond de teint épais,
les cheveux jaune paille très crêpés et ramassés
en chignon. Et un adolescent au smoking de
location trop ample et au regard vague comme
tous les enfants qui se trouvent en mauvaise
compagnie car ils n'ont pas leur mot à dire et ils
ne peuvent encore vivre leur vie. Si je voulais
retourner à Rome, c'était pour conjurer ce passé.

— On s'en va ? m'a demandé Gisèle.

Le chien s'impatientait. Il avait monté l'escalier, puis, s'apercevant que nous ne le suivions pas, il l'avait redescendu et s'était couché au pied des marches.

Grabley est sorti brusquement de sa prostration.

— Vous ne partez pas, hein ? Sylvette va être déçue... Et elle sera encore plus dure...

Mais je n'avais pas pitié de lui. Il m'évoquait mon père, les cheveux jaune paille de la femme et ce soir de réveillon. Aujourd'hui j'étais libre d'aller où je voulais.

— Nous ne pouvons pas rester, mon vieux, ai-je dit. Je dois accompagner Gisèle à Saint-Leu-la-Forêt.

— Vous ne voulez vraiment pas souper avec nous ?

Il avait le même visage inquiet que mon père quand nous nous étions retrouvés sur le trottoir de la via Veneto. Devant nous, un groupe de fêtards soufflaient dans des trompettes de cotillon. La femme aux cheveux jaune paille avait l'air de bouder. Brusquement, elle s'était mise à marcher à grands pas, puis à courir comme si elle voulait nous semer. Mon père m'avait dit :

— Vite... Rattrape-la... sois gentil avec elle... Dis-lui que nous l'aimons beaucoup... que nous avons besoin d'elle... donne-lui ça...

Et il m'avait glissé un petit paquet enveloppé d'un papier d'argent.

J'avais couru. J'étais trop jeune à l'époque. Et

117

maintenant j'éprouvais une sorte de tristesse
mêlée d'indifférence pour ce passé encore proche.
Rien de tout cela ne comptait plus. Ni mon père,
ni Grabley, ni ce type qu'on avait embarqué dans
la voiture, tout à l'heure. Qu'ils crèvent tous.

worn out

*

Sur le trottoir, je me sentais léger, détaché de
tout. J'aurais voulu qu'elle partageât mon état
d'esprit. Je lui entourais l'épaule de mon bras et
nous marchions vers la voiture.

Le chien nous précédait. Je lui ai proposé de
partir tout de suite pour Rome. Mais elle avait
laissé son argent dans l'une des valises.

Il suffisait de passer quai Conti et de charger
les valises dans le coffre de la voiture.

— Si tu veux, m'a-t-elle dit.

Elle avait retrouvé son insouciance, comme
moi. *Carefreeness*

Pourtant une pensée est venue me rappeler à
l'ordre. J'étais mineur et je devais me procurer
un formulaire d'autorisation pour aller à l'étranger, au bas duquel j'imiterais la signature de mon
père. Je n'osais le lui avouer. *confess*

— Ce n'est pas possible de partir ce soir, lui ai-
je dit. Il faut d'abord que cet Italien me donne
tous les renseignements. *information*

*

118

Rue Fontaine, le théâtre était fermé. A peine quelques lumières, vers le haut. Après avoir suivi au hasard les rues du quartier, nous nous sommes arrêtés devant le Gavarny.

Nous y avons dîné. Au début, je craignais d'y voir entrer Grabley et Sylvette, mais je me suis dit qu'ils préféraient des endroits plus bruyants.

Nous étions les seuls clients. J'ai reconnu l'homme en veste blanche qui nous servait, les rares fois où je dînais là avec ma mère, le dimanche soir, après le théâtre.

Quand nous étions entrés, il faisait des mots croisés, assis à une table. Je me demandais si la musique venait d'un haut-parleur au fond de la salle ou d'un poste de radio : une musique à la sonorité lunaire de cymbalum.

Le chien s'est allongé à mes pieds. Je l'ai caressé pour bien m'assurer de sa présence. J'étais assis en face d'elle. Je ne détachais pas mon regard du sien. J'ai passé la main sur son visage. De nouveau, j'avais peur qu'elle disparaisse.

A partir de ce soir, nous étions coupés de tout. Plus rien n'avait de réalité autour de nous. Ni Grabley, ni mon père, égaré en Suisse, ni ma mère, quelque part dans le sud de l'Espagne, ni les gens que j'avais croisés sans savoir rien d'eux : Ansart, Jacques de Bavière... La salle de restaurant était elle aussi dénuée de la moindre réalité, comme l'un de ces endroits que l'on a fréquentés jadis et que l'on revisite en rêve.

A la sortie du Gavarny, nous prenions, ma mère et moi, l'autobus 67 place Pigalle et il nous déposait sur le quai du Louvre. De cela il y avait trois ans et c'était déjà dans une autre vie... Seul l'homme en veste blanche demeurait à sa place. J'aurais voulu lui parler, mais que pourrait-il bien me dire ?

— Pince-moi pour voir si je ne rêve pas...

Elle m'a pincé la joue.

— Plus fort.

Elle a éclaté de rire. Et son rire a résonné dans la salle déserte. Je lui ai demandé si elle aussi elle avait l'impression de rêver.

— Oui, quelquefois.

L'homme en veste blanche s'était de nouveau absorbé dans ses mots croisés. Désormais, il n'y aurait plus de clients.

Elle m'avait pris la main et me regardait de ses yeux bleu pâle, avec le sourire.

Elle a levé la main et elle m'a pincé la joue encore plus fort que les autres fois.

— Réveille-toi...

L'homme s'est levé et il est allé allumer une radio derrière le comptoir. Un indicatif musical puis la voix d'un speaker lisant un bulletin d'information. Je n'entendais que le timbre de cette voix comme un bruit de fond.

— Alors, tu es réveillé ?

— Je ne sais pas, lui ai-je dit. Je préfère rester dans l'incertitude.

Les dimanches soir, dans le dortoir du collège,

après les retours de vacances, le surveillant éteignait la lumière à neuf heures moins le quart et le sommeil venait peu à peu. Je me réveillais en sursaut, au cours de la nuit, et je ne savais plus où j'étais. La veilleuse qui baignait d'une lumière bleue les rangées de lits me rappelait brutalement à la réalité. Et depuis ce temps-là, chaque fois que je rêvais, j'essayais de retarder, à l'intérieur de mon rêve, l'instant du réveil de peur de me retrouver dans un dortoir. J'ai essayé de le lui expliquer.

— Moi aussi, m'a-t-elle dit, ça m'arrive souvent... J'ai peur de me réveiller en prison...

Je lui ai demandé pourquoi : en prison ? mais elle avait l'air gênée et elle a fini par me répondre :

— C'est comme ça...

Dehors, j'ai hésité. La perspective de retourner quai Conti m'a semblé fastidieuse. J'aurais voulu que nous soyons tous les deux dans un endroit qui n'évoquât plus rien du passé. Mais elle m'a dit que cela n'avait aucune importance du moment que nous étions ensemble.

Nous descendons la rue Blanche. De nouveau, j'ai l'impression de rêver. Et c'est un rêve où j'éprouve une sensation d'euphorie. La voiture glisse sans que j'entende le bruit du moteur, comme si elle descendait la pente en roue libre.

L'avenue de l'Opéra, ses lumières et sa chaussée déserte s'ouvrent devant nous. Elle se tourne vers moi :

— Nous pouvons partir demain, si tu veux.

Pour la première fois de ma vie, je sens que les entraves et les contraintes qui me retenaient jusque-là sont abolies. Peut-être est-ce une illusion qui se dissipera demain matin. Je baisse la vitre et l'air froid augmente encore mon euphorie. Pas la moindre buée, le moindre halo autour des lumières qui scintillent le long de l'avenue.

Nous prenons le pont du Carrousel et, dans mon souvenir, nous suivons le quai, à gauche, en dédaignant le sens unique, nous passons devant le pont des Arts, nous roulons à une allure lente, sans qu'aucune voiture ne vienne dans l'autre sens.

Grabley n'est pas encore là. Nous traversons le vestibule et l'appartement se détache du passé. J'y entre pour la première fois. C'est elle qui me guide. Elle monte devant moi le petit escalier qui mène au cinquième. Dans la chambre, nous n'allumons pas l'électricité.

Les lampadaires du quai projettent au plafond un rai de lumière aussi clair que celui qui filtre, l'été, par les fentes des persiennes. Elle est allongée sur le lit avec sa jupe et son pull-over noirs.

Le lendemain matin, quand nous avons quitté l'appartement, Grabley n'était pas de retour. Nous avions décidé de rendre la voiture à Ansart et de ne plus les revoir, lui et Jacques de Bavière. Nous comptions partir pour Rome le plus vite possible.

Nous avons essayé de les joindre par téléphone, mais personne ne répondait chez Ansart, ni au prétendu domicile de Jacques de Bavière. Tant pis. Nous étions prêts à abandonner la voiture rue Raffet.

C'était une journée d'automne ensoleillée, comme la veille. J'éprouvais un sentiment de légèreté et de bien-être à la perspective de notre départ. Je ne laisserais derrière moi que des choses qui commençaient à se désagréger : Grabley, l'appartement vide... Il fallait que je retrouve l'autorisation dont je m'étais servi l'année précédente pour un voyage en Belgique et je falsifierai la date et la destination. A Rome, une opportunité se présenterait bien pour me permettre d'échapper à l'administration française et à mes obligations militaires.

Elle m'a dit qu'il n'y avait aucun problème pour elle à quitter la France. J'ai essayé d'en savoir plus long au sujet de ce mari dont elle m'avait parlé.

Elle ne l'avait pas vu depuis longtemps — presque trois mois maintenant. Elle s'était mariée sur un coup de tête. Mais qui était-il au juste ?

Elle m'a regardé dans les yeux et avec un sourire contraint, elle m'a dit :

— Oh, un drôle de type... Il s'occupe d'un cirque...

Je me demandais si elle plaisantait ou si c'était la vérité.

Elle avait l'air de guetter ma réaction.

— Un cirque ?

— Oui, un cirque...

Il était parti en tournée avec ce cirque mais elle n'avait pas voulu le suivre.

— Ça m'embête de parler de tout ça...

Et le silence s'est établi entre nous jusqu'à ce que nous arrivions devant l'immeuble de la rue Raffet.

Nous avons sonné à la porte de l'appartement. Personne ne répondait.

— Ils sont peut-être au restaurant, a dit Gisèle.

Une femme nous observait, à l'entrée de la cour. Elle a marché vers nous.

— Vous cherchez quelqu'un ?

Le ton était sec, comme si elle se méfiait de nous.

— Monsieur Ansart, a dit Gisèle.

— Monsieur Ansart est parti très tôt ce matin. Il m'a confié les clés de son appartement. Il ne reviendra pas avant trois mois.

Ainsi, c'était la concierge.

— Il ne vous a pas dit où il allait ? a demandé Gisèle.

— Non.

— Et on ne peut pas lui écrire quelque part ?

— Il m'a dit qu'il m'enverrait un mot pour me donner sa nouvelle adresse. Si vous voulez lui écrire, vous me déposez la lettre.

Le ton s'était un peu radouci. Elle nous suivait des yeux tandis que nous traversions la cour avec le chien. Elle semblait trouver naturel le départ de « Monsieur Ansart ». Elle finirait par se poser des questions sur cet homme qui avait l'air aimable et bien élevé. Puis, ce serait les autres qui lui poseraient des questions, peut-être dans le bureau où nous avions été interrogés, Gisèle et moi. On lui demanderait de se rappeler le moindre détail concernant Ansart, les visites qu'il recevait. Et elle se souviendrait que le lendemain de sa disparition un jeune homme et une jeune fille, avec un chien, avaient sonné à la porte de l'appartement.

— Qu'est-ce qu'on fait de la voiture ? ai-je dit à Gisèle.

— On la garde.

Elle a fouillé la boîte à gants et elle a sorti la carte grise. Elle était au nom de Pierre Louis Ansart, né le 22 janvier 1921 à Paris X^e, domicilié 14 rue Raffet, Paris XVIe.

Nous longions le bois de Boulogne, par le chemin que nous avions suivi samedi pour aller déjeuner dans le restaurant d'Ansart. Je gardais à la main sa carte grise. Nous nous sommes engagés dans la rue des Belles-Feuilles. Le restaurant était fermé. On avait rabattu sur la façade des panneaux de bois à la peinture verte écaillée qui dataient certainement de l'époque où Les Belles Feuilles étaient, comme l'avait dit Ansart, un café-charbons.

Cette fois-ci, elle paraissait inquiète. Il devait exister un lien entre la brusque disparition d'Ansart et ce qui s'était passé la veille à Neuilly et dont nous avions été plus que les témoins.

— Tu crois que Jacques de Bavière est parti lui aussi ? ai-je demandé.

Elle a haussé les épaules. Le visage de Martine m'est revenu en mémoire et la manière dont elle nous saluait du bras tandis que nous traversions la cour, l'autre nuit.

— Et Martine ? On peut la joindre quelque part ?

Elle ne savait presque rien de Martine, sinon qu'elle vivait avec Ansart depuis plusieurs années. La seule chose dont elle se souvenait, c'était son nom : Martine Gaul.

Nous avons échoué dans un café rue Spontini où nous avons commandé deux sandwichs et deux jus d'orange. Elle a sorti un petit agenda de son sac à main et elle m'a demandé de téléphoner rue Washington pour savoir si Jacques de Bavière était toujours là.

— Allô... Qui est à l'appareil ?

Une femme à la voix grave. Celle qui nous avait reçus samedi soir ?

— J'aimerais parler à Jacques de Bavière...

— Qui êtes-vous ?

Le ton était sec, celui de quelqu'un sur le qui-vive.

— Nous sommes des amis de Jacques. Nous sommes venus samedi soir...

— Jacques est parti en Belgique.

— Pour longtemps ?

— Je ne pourrais pas vous le dire.

— Monsieur Ansart est parti avec lui ?

Il y a eu un instant de silence. J'ai même cru que la communication était coupée.

— Je ne connais pas ce monsieur. Je suis désolée, mais je dois vous quitter.

Elle a raccroché.

Ainsi, ils étaient partis tous les deux. Avec Martine sans doute. En Belgique ou ailleurs. Comment le vérifier ?

— Tu es sûre qu'il s'appelle de Bavière ? ai-je dit à Gisèle.

— Oui. De Bavière.

A quoi cela pouvait-il avancer ? Il n'était certainement pas dans l'annuaire ni dans le Gotha comme le suggérait ce nom.

Elle m'a dit qu'elle voulait aller dans un autre endroit où nous aurions quelque chance d'avoir des nouvelles d'Ansart. Nous suivions les grands boulevards. Elle ne me donnait aucune explication. Arrivés place de la République, nous avons pris le boulevard du Temple et nous nous sommes arrêtés dans une rue parallèle à celui-ci et légèrement en contrebas. Devant nous, le Cirque d'Hiver.

Elle m'a désigné un café, plus loin, dans la rue, à une cinquantaine de mètres.

— Tu demandes au type qui est derrière le comptoir des nouvelles de M. Ansart...

Pourquoi ne m'accompagnait-elle pas ?

Je marchais le long de la rue et je me suis retourné pour voir si elle était toujours là. J'ai pensé qu'elle attendait que j'entre dans le café et qu'elle disparaîtrait comme les autres.

Le café ne portait pas de nom, mais sur sa façade une marque de bière belge. Je suis entré. Au fond de la petite salle, quelques tables où déjeunaient les clients.

Derrière le comptoir se tenait un homme grand, brun, au nez un peu écrasé et au costume bleu marine qui téléphonait. J'attendais. Un serveur en veste grenat s'est dirigé vers moi.

— Un quart Vittel.

La conversation téléphonique se prolongeait. L'homme écoutait son interlocuteur et répondait de temps en temps par un « oui... oui... d'accord... » ou par un bref murmure d'assentiment. Il avait coincé le combiné entre son épaule et sa joue pour allumer une cigarette et son regard s'était posé sur moi, mais je ne savais pas s'il me voyait. Il a raccroché.

Je lui ai dit d'une voix timide :

— Vous avez des nouvelles de M. Ansart ?

Il m'a souri. Mais j'ai senti que ce sourire n'était que de façade et qu'il établissait une distance entre lui et moi.

— Vous connaissez M. Ansart ?

Il avait une voix au timbre juvénile qui me rappelait celle de l'acteur Jean Marais. Il est venu me rejoindre de l'autre côté du comptoir et s'est accoudé à celui-ci :

— Oui je le connais et je connais aussi Martine Gaul.

Pourquoi avais-je ajouté ce détail ? Pour le mettre en confiance ?

— Je suis passé ce matin rue Raffet et ils étaient partis.

Il me considérait d'un œil bienveillant et toujours avec le sourire. La coupe élégante de son costume et sa voix détonnaient dans ce café. Etait-il vraiment le patron ?

— Ils sont partis mais ils vont certainement revenir. C'est tout ce que je peux vous dire.

Son sourire s'élargissait et son regard me faisait comprendre, qu'en effet, il ne me dirait rien de plus.

Je m'apprêtais à régler la note du quart Vittel, mais il a eu un geste du bras.

— Non... Laissez...

Il m'a lui-même ouvert la porte et il a fait un bref mouvement de la tête en signe d'adieu. Il souriait toujours.

Dans la voiture, Gisèle m'a demandé :

— Qu'est-ce qu'il t'a dit ?

Elle devait connaître cet homme au sourire immuable. Elle l'avait sans doute rencontré avec Ansart et Jacques de Bavière.

— Il m'a dit qu'ils vont certainement revenir, mais il n'avait pas l'air de vouloir me donner des précisions.

— Ça n'a aucune importance. De toute manière nous ne les reverrons plus. Nous serons à Rome.

Nous avons suivi le boulevard jusqu'à la place de la Bastille. Nous n'étions pas loin du magasin de Dell'Aversano. J'ai proposé à Gisèle d'y passer pour mettre au point notre voyage.

— Tu as déjà été dans ce café de tout à l'heure ? lui ai-je demandé.

— Oui. Souvent.

Elle a hésité puis elle m'a dit, comme à regret :

— C'était quand mon mari travaillait au Cirque d'Hiver.

Elle s'est tue. J'ai pensé à l'homme en bleu marine. Son sourire m'avait frappé et je m'en souvenais encore dix ans plus tard lorsque je m'étais retrouvé, par hasard, un après-midi, près

130

du Cirque d'Hiver. Je n'avais pu m'empêcher d'entrer dans ce café. C'était vers 1973.

Il se tenait derrière le comptoir, moins élégant que la première fois, les traits du visage marqués, les cheveux gris. Sur le mur étaient collées de nombreuses photos, quelques-unes dédicacées, où figuraient des artistes du Cirque d'Hiver qui étaient clients du café.

L'une des photos, plus grande que les autres, avait attiré mon attention. On y voyait tout un groupe de gens devant le comptoir, autour d'une femme blonde qui portait une veste d'écuyère. Et parmi eux, j'ai reconnu Gisèle.

J'avais commandé, comme la première fois, un quart Vittel.

A cette heure creuse de l'après-midi, nous étions seuls, lui et moi. Je lui ai demandé brutalement :

— Vous avez connu cette jeune fille ?

Je l'ai rejoint derrière le comptoir et je lui ai désigné Gisèle sur la photo. Il n'a pas semblé étonné le moins du monde par mon geste.

Il s'est penché sur la photo.

— Ah oui, je l'ai connue... Elle était toute jeune... Elle passait ses soirées ici... Son mari travaillait au cirque... Elle l'attendait... Elle avait toujours l'air de s'ennuyer... Ça doit remonter à dix ans...

— Mais qu'est-ce qu'il faisait, son mari ?

— Il devait appartenir au personnel du cirque. Il était plus âgé qu'elle.

J'ai senti qu'il répondrait à toutes mes questions si je lui en posais. J'étais encore jeune à l'époque et j'avais l'air timide et bien élevé. Et lui, il voulait sans doute bavarder avec quelqu'un pour traverser cette zone aride que sont les débuts d'après-midi en été.

Il me paraissait beaucoup plus accessible qu'il y a dix ans. Il avait perdu son mystère ou plutôt celui que je lui avais prêté. L'homme svelte au complet bleu marine n'était plus aujourd'hui qu'un patron de café de la rue Amelot, presque un bougnat.

— Vous avez connu un M. Pierre Ansart?

Il m'a jeté un regard étonné et j'ai retrouvé sur son visage le sourire de façade d'autrefois.

— Pourquoi? Vous avez connu Pierre, vous?

— C'est la jeune fille qui me l'avait présenté il y a dix ans.

Il fronçait les sourcils.

— La fille de la photo?... Pierre a dû la rencontrer ici... Il venait très souvent me voir...

— Et un homme plus jeune, qui s'appelait Jacques de Bavière, ça ne vous dit rien?

— Non.

— C'était un ami d'Ansart.

— Je n'ai pas connu tous les amis de Pierre...

— Vous ne savez pas ce qu'il est devenu?

De nouveau son sourire.

— Pierre? Non. Il n'est plus à Paris, en tout cas.

Je me taisais. J'attendais qu'il prononce la

132

phrase qu'il m'avait dite la première fois : ils sont partis, mais ils vont certainement revenir.

Par la porte entrouverte, le soleil dessinait des taches claires sur les murs et les tables vides, tout au fond.

— Alors, vous étiez très ami avec Ansart ?

Son regard et son sourire prenaient une expression ironique.

— Nous nous sommes connus en 1943. Et la même année, on nous a expédiés tous les deux à la Centrale de Poissy... Vous voyez, ça ne date pas d'hier...

J'étais silencieux. Il a ajouté :

— Mais ne le prenez pas en mauvaise part... Tout le monde peut commettre des erreurs de jeunesse...

J'avais envie de lui dire que j'étais déjà venu il y a dix ans pour lui demander de me donner des nouvelles d'Ansart et qu'il ne voulait pas me répondre. En ce temps-là, il restait encore des secrets à préserver.

Mais maintenant, tout cela était révolu et avait fini par perdre de son importance.

— Et vous voyez toujours la jeune fille ?

J'ai été si surpris par cette question que j'ai bredouillé une vague réponse. Une fois seul, sur le boulevard, j'ai bêtement éclaté en sanglots.

Nous avons rejoint la Seine et nous suivions le quai des Célestins. En fouillant dans ma poche pour y chercher un paquet de cigarettes, je me suis aperçu que j'avais gardé la carte grise d'Ansart.

— Tu peux vraiment compter sur ce type que nous allons voir ? m'a demandé Gisèle.

— Oui. Je crois qu'il m'aime beaucoup.

En effet, aujourd'hui que j'y songe, je mesure mieux la gentillesse que me témoignait Dell'Aversano. Il avait été ému par ma situation familiale, si l'on peut employer ce dernier adjectif quand vos parents vous négligent complètement. La première fois que je lui avais rendu visite, il m'avait posé quelques questions sur mes études et m'avait conseillé de les poursuivre, jugeant sans doute qu'un adolescent livré à lui-même risquait de finir mal. Selon lui, je méritais mieux que de vendre des meubles à la sauvette chez des brocanteurs du quartier Saint-Paul. Je lui avais confié que je rêvais d'écrire et je l'avais favorablement impressionné en lui déclarant que mon livre de chevet était un recueil de la correspondance de Stendhal, intitulé : *Aux âmes sensibles.*

Il était assis à son bureau, au fond du magasin. Il a considéré Gisèle et le chien avec surprise.

Je lui ai présenté Gisèle comme étant ma sœur.

— J'ai tous les renseignements pour vous, m'a-t-il dit.

Mon travail à Rome chez son collègue libraire ne pouvait commencer que dans deux mois.

— Vous auriez préféré partir tout de suite ?

Je n'ai pas osé lui dire que nous disposions d'une voiture ou alors il aurait fallu lui montrer la carte grise d'Ansart et lui expliquer tout. Une autre fois, peut-être... Mais je lui ai avoué que je voulais partir avec Gisèle. Croyait-il vraiment qu'elle était ma sœur ? Je n'ai lu sur son visage aucun signe de réprobation. Il s'est simplement tourné vers elle :

— Etes-vous prête à trouver du travail à Rome ?

Il lui a demandé son âge. Elle a répondu vingt et un ans. Il savait quel était mon âge à moi, et je m'enfonçais les ongles dans les paumes de mes mains de peur qu'il n'y fasse allusion devant Gisèle.

— Je connais même votre adresse, là-bas... Si

vous voulez je demanderai à cet ami que vous vous <u>installiez</u> plus tôt que prévu...

Je l'ai remercié. Etait-il possible que ma sœur habite avec moi dans cet endroit ?

Il nous a regardés l'un et l'autre avec attention. Je devinais qu'il cherchait une ressemblance physique entre nous et qu'il ne la trouvait pas.

— Ça dépend, m'a-t-il dit. Est-ce que votre sœur sait taper à la machine ?

— Oui, a dit Gisèle.

J'étais sûr qu'elle mentait. Je l'imaginais si peu devant une machine à écrire...

— Mon ami aura besoin de quelqu'un qui tape à la machine en français... Je lui téléphonerai ce soir pour lui demander des précisions.

Il s'est levé et nous a proposé d'aller boire un café ensemble. Nous sommes passés devant la voiture mais je n'ai rien dit et Gisèle a été la complice de mon silence. Demain, sans faute, je lui expliquerais ce qui nous était arrivé. Je n'avais pas le droit de cacher quelque chose à cet homme qui se montrait si bienveillant pour nous.

Il m'a demandé combien de temps encore je pouvais rester dans l'appartement du quai de Conti.

— Pas plus de trois semaines...

Il ne comprenait pas qu'un père et une mère aient laissé dans un total abandon un garçon passionné de littérature et dont le livre de chevet s'intitulait *Aux âmes sensibles*. Et ce qui l'étonnait encore plus, c'est que l'attitude de mes

136

parents me semblait tout à fait naturelle et qu'il ne m'était même pas venu à l'esprit d'espérer d'eux une aide quelconque.

— Il faut que vous soyez installé à Rome d'ici trois semaines et que votre sœur habite avec vous...

A la manière dont il avait prononcé les mots « votre sœur », j'ai bien senti qu'il n'était pas dupe.

— Votre sœur aime-t-elle autant la littérature que vous ?

Gisèle a eu l'air gênée. Depuis que nous nous étions rencontrés nous n'avions jamais parlé de littérature.

— Je suis en train de lui faire lire *Aux âmes sensibles*, ai-je dit.

— Et vous aimez ? a demandé Dell'Aversano.

— Beaucoup.

Elle lui a fait un charmant sourire. Il y avait du soleil et l'air était tiède pour la saison. Nous nous sommes assis autour de la seule table qu'on avait laissée à la terrasse du café. La cloche de l'église Saint-Gervais a sonné midi.

— Vous connaissez notre future adresse à Rome ? lui ai-je demandé.

Dell'Aversano a sorti de la poche intérieure de sa veste une enveloppe.

— C'est au numéro 7 de la via Frescobaldi.

Il s'est tourné vers Gisèle :

— Vous connaissez Rome ?

— Non, a dit Gisèle.

— Alors, vous n'étiez pas avec votre frère quand il a passé le réveillon là-bas à quinze ans ?

Il lui souriait et elle lui a rendu son sourire.

— Et la via Frescobaldi, c'est dans quel quartier ? lui ai-je dit.

— Je vais vous expliquer.

A l'aide d'un stylo-bille, il traçait deux barres parallèles sur l'enveloppe.

— Là, c'est la via Veneto... Vous connaissez déjà la via Veneto...

Je lui avais raconté comment, sur l'ordre de mon père, j'avais essayé de rattraper cette femme aux cheveux jaune paille et au fond de teint trop épais qui s'était mise à courir devant nous.

— Vous suivez la via Pinciana le long des jardins de la villa Borghèse...

Il continuait de tracer des lignes sur l'enveloppe et du bout de son stylo il nous indiquait le chemin.

— Vous tournez à gauche en longeant toujours la villa Borghèse et vous tombez sur la via Frescobaldi... c'est là...

Il dessinait une croix.

— L'avantage du quartier, c'est que vous êtes entourés de verdure... Votre rue est toute proche du jardin zoologique...

Nous ne pouvions détacher ni l'un ni l'autre notre regard du plan qu'il venait de dessiner. Je marchais avec Gisèle, l'été, sous les ombrages de la via Frescobaldi.

Quai Conti, Grabley avait laissé un mot sur le canapé du bureau :

Mon cher Obligado,
On a téléphoné vers 14 heures pour vous. Un homme qui prétend être de la police. Il a laissé son nom : Samson, et un numéro où vous pouvez le joindre : TURBIGO 92-00.
J'espère que vous n'avez rien à vous reprocher.
Hier, la soirée s'est terminée mieux que je ne le prévoyais et nous avons regretté votre absence. Voulez-vous être des nôtres ce soir, de nouveau, à la Tomate, séance de 22 heures trente ?

Votre Grabley.

J'ai demandé à Gisèle s'il fallait téléphoner pour être fixé tout de suite sur ce que voulait cet homme. Mais nous avons décidé que c'était à lui de rappeler.

L'après-midi s'est passée dans l'attente, et nous essayions l'un et l'autre de surmonter notre nervosité. J'avais froissé et déchiré le mot de Grabley où il était écrit : « J'espère que vous n'avez rien à vous reprocher. »

— Tu crois qu'ils savent ce que nous avons fait hier après-midi ?

Gisèle a haussé les épaules et m'a souri. Elle paraissait plus calme que moi. Nous avions étalé sur le parquet le plan de Rome et nous cherchions à nous familiariser avec le quartier en apprenant le nom des rues, des monuments et des églises qui étaient à proximité de notre futur domicile : Porta Pinciana, Eglise Sainte-Thérèse, Temple d'Esculape, Museo Coloniale... Personne ne nous retrouverait là-bas.

Plus tard le jour commençait de tomber et nous étions allongés sur le canapé. Elle s'est levée et elle a enfilé sa jupe et son pull-over noirs.

— Je vais chercher des cigarettes.

Elle préférait que je reste là pour répondre au téléphone. Je lui ai demandé d'acheter un journal du soir.

Je l'ai regardée par la fenêtre. Elle n'a pas pris la voiture. Elle marchait d'un pas indolent, les mains dans les poches de son imperméable qu'elle n'avait pas boutonné.

Elle a disparu au coin du bâtiment de la Monnaie.

Je me suis allongé de nouveau sur le canapé.

J'essayais de me souvenir des meubles qui se trouvaient, jadis, dans le bureau.

Le téléphone a sonné. Une voix sourde, un peu traînante.

— Je vous appelle de la part de M. Samson qui vous a demandé quelques renseignements jeudi dernier. Une jeune fille avait été convoquée juste après vous... Vous vous êtes retrouvés plus tard au café du Soleil-d'Or...

Il a marqué un temps. Mais je ne disais rien. Je me sentais incapable de proférer un seul mot.

— Vous avez passé ces quatre derniers jours ensemble et elle habite à votre domicile... Je voudrais vous mettre en garde...

Le bureau était maintenant dans la demi-pénombre et il continuait à parler de sa voix sourde.

— Vous ignorez beaucoup de choses concernant cette personne... Je suppose qu'elle vous a même menti sur son nom... Elle s'appelle Suzanne Kraay...

Il épelait le nom, d'une manière mécanique : K.R.A.A.Y. J'avais l'impression d'entendre une voix qui aurait été enregistrée sur un disque, comme celle de l'horloge parlante.

— Elle a déjà commis quelques délits qui lui ont valu de passer plusieurs mois à la Petite-Roquette... Mais cela, je suppose qu'elle vous l'a caché... Elle vous a certainement caché aussi qu'elle est mariée...

— Je suis au courant, ai-je dit d'une voix que j'aurais voulue sèche.

Il y a eu un silence.

— Vous n'êtes sans doute pas tout à fait au courant.

— Ça ne m'intéresse pas, lui ai-je dit.

— Mais moi, ça m'intéresse et vous oubliez que vous êtes mineur...

De nouveau la voix était sourde, lointaine.

— Et vous courez de gros risques...

J'entendais un bruit de parasites comme si mon interlocuteur se trouvait à l'autre bout du monde. Mais le bruit a cessé et la voix me parvenait, très proche et très claire.

— J'aimerais vous rencontrer rapidement pour que nous mettions les choses au point. C'est dans votre intérêt. Il faut que vous sachiez à quoi vous vous exposez puisque vous êtes mineur... Vous êtes d'accord pour me rencontrer ?

Il avait prononcé la dernière phrase du ton à la fois onctueux et autoritaire de certains surveillants de collège.

— D'accord, lui ai-je dit.

— Ce soir, dix heures, tout près de chez vous... Dans le café, sur le quai, en face de la Colonnade du Louvre... Vous le voyez de vos fenêtres... Je vous attends sans faute à dix heures... Je suis M. Guélin.

Il a épelé son nom, puis il a raccroché.

A mon tour, j'ai raccroché. Avant qu'il ne se présente, sa voix m'avait évoqué un homme

142

que je croisais le samedi, quand j'allais au jardin du Luxembourg ou au cinéma Danton. Il portait un survêtement gris et sortait d'une salle de gymnastique. Un blond d'une quarantaine d'années, aux cheveux très courts et aux joues creuses. Un après-midi, il m'avait adressé la parole dans l'un de ces tristes cafés du Carrefour de l'Odéon. Il était écrivain et journaliste. Je lui avais dit que moi aussi j'aimerais bien écrire, plus tard. Alors, il avait eu un sourire dédaigneux :

— Beaucoup de travail, vous savez... Beaucoup de travail... Vous n'y arriverez certainement pas...

Et il m'avait cité l'exemple d'un jeune et célèbre danseur pour lequel il éprouvait de l'admiration et qui « travaillait à la barre vingt-quatre heures sur vingt-quatre ».

— C'est cela écrire, voyez-vous... vingt-quatre heures d'exercice par jour... je doute que vous ayez cette force de caractère... Ce n'est même pas la peine d'essayer.

Il m'avait presque convaincu.

— Je pourrais vous montrer comment j'écris...

Il m'avait fixé rendez-vous chez lui, rue du Dragon. Deux pièces aux murs blanchis à la chaux, des poutres de bois sombre, un bureau rustique de la même couleur et des sièges très raides à hauts dossiers. Il portait son survêtement. Il m'avait dédicacé un livre dont j'ai oublié le titre. A ma grande surprise, il m'avait conseillé de lire *Les Jeunes Filles* de Montherlant. Puis, il avait voulu me raccompagner à mon domicile dans sa voiture, une Dauphine Gordini. Les mois suivants, j'avais vu de ma fenêtre, la nuit, stationner cette voiture bleue à bandes blanches devant l'immeuble. Et j'avais peur.

J'ai regardé si par hasard elle n'était pas là aujourd'hui.

Mais non. Le silence. La nuit était tombée. Je préférais les reflets des lampadaires sur les murs, plutôt que la lumière étouffée de l'ampoule qui pendait au plafond. De nouveau, je craignais que Gisèle ne revienne pas. La voix que j'avais entendue au téléphone augmentait encore mon sentiment de solitude et d'abandon. Elle correspondait si bien à ce bureau où j'avais du mal à me rappeler la place des meubles.

La Petite-Roquette... Je m'étais promené un jour dans la rue du même nom et j'étais passé devant le bâtiment de la prison. Souvent, dans mes rêves, la rue de la Roquette débouche sur une place comme il en existe à Rome, au milieu de laquelle s'élève une fontaine. C'est toujours l'été. La place est déserte et écrasée de soleil. Le silence n'est troublé que par le murmure de la fontaine. Et je reste là, dans l'ombre, à attendre que Gisèle sorte de la prison.

La porte d'entrée a claqué : j'ai reconnu son pas. Elle était là, devant moi, dans son imperméable déboutonné. Elle a allumé la lumière. Elle m'a dit que je faisais une drôle de tête.

— Le type a téléphoné.

— Alors ?

Je lui ai expliqué que c'était quelqu'un qui voulait avoir des renseignements sur mon père et qu'il m'avait donné rendez-vous ce soir, à dix heures, au café, juste en face, de l'autre côté de la Seine.

— Ça ne durera pas longtemps.

J'ai pris son visage dans mes mains et je l'ai embrassée. Peu m'importait qu'elle s'appelât Gisèle ou Suzanne Kraay et qu'elle eût fait un séjour à la Petite-Roquette. Si je l'avais connue à cette époque, je n'aurais pas manqué une seule occasion de lui rendre visite au parloir. Et même si elle avait commis un crime, cela m'était indifférent, du moment qu'elle était vivante, contre moi, dans sa jupe et son pull-over noirs.

— Tu n'as pas peur qu'il vienne nous déranger ? m'a-t-elle demandé à l'oreille.

D'abord, j'ai cru qu'elle faisait allusion à l'homme qui avait téléphoné. Mais c'était de Grabley qu'elle parlait.

— Mais non. Il est à la Tomate...

Nous avons quand même poussé le canapé pour qu'il bloque la porte du bureau.

Je voyais briller la lumière du café de l'autre côté de la Seine, au coin du quai. L'homme était-il déjà arrivé? J'aurais voulu disposer d'une paire de jumelles très puissantes pour l'observer. Lui aussi, du café, pouvait vérifier s'il y avait de la lumière aux fenêtres de l'appartement. Et cette pensée me causait un sentiment brusque d'inquiétude, comme si un piège se refermait sur moi.

— Qu'est-ce que tu regardes?

Elle était allongée sur le canapé. Sa jupe et son pull-over traînaient au milieu de la table basse.

— J'attends le bateau-mouche, lui ai-je dit.

J'ai entrouvert la fenêtre. Le quai Conti demeurait vide pendant un long moment, le temps que le feu passe au vert, là-bas, à la hauteur du Pont-Neuf. Et avant que les rares voitures apparaissent de nouveau, il se faisait un silence, le même sans doute que mon père avait connu les soirs de l'Occupation derrière la même fenêtre.

146

A cette époque-là, le café en face ne brillait pas et la colonnade du Louvre était noyée dans l'obscurité. L'avantage, aujourd'hui, c'était de savoir où se tenait le danger : cette lumière de l'autre côté de la Seine.

— Il faut que j'aille au rendez-vous.

J'avais consulté ma montre. Dix heures moins le quart.

Elle s'était assise sur le rebord du canapé. Elle appuyait son menton sur les paumes de ses mains.

— Tu es obligé d'y aller ?

— Si je n'y vais pas maintenant, ce type me relancera... Il vaut mieux se débarrasser tout de suite de lui.

Je lui ai répété qu'il s'agissait d'un ancien associé de mon père. J'aurais voulu lui confier la vérité. Je me suis retenu à temps. Elle préférait m'accompagner plutôt que de rester seule dans l'appartement. Nous sommes sortis avec le chien. Elle avait pensé que nous marcherions à pied jusqu'au café en traversant le pont des Arts. Mais je lui ai dit qu'il valait mieux prendre la voiture.

Au moment de nous engager sur le pont du Carrousel, j'ai failli lui demander de continuer à rouler tout droit, le long des quais. Puis, sur la rive droite, à mesure que nous nous rapprochions du café, je me suis raisonné. J'étais prêt maintenant à cette rencontre et j'avais même hâte de voir le visage de cet homme.

Nous nous sommes arrêtés au coin du quai et

de la rue du Louvre, devant l'entrée du café. Un seul client, assis à la terrasse. Il lisait un journal posé sur la table et n'avait pas remarqué notre voiture. J'ai senti la main de Gisèle qui me serrait le bras. Elle fixait l'homme, la bouche entrouverte. Son visage est devenu livide.

— N'y va pas, Jean... je t'en supplie.

J'étais frappé qu'elle m'appelle par mon prénom. Elle me retenait par le bras.

— Pourquoi ? Tu le connais ?

Il lisait toujours son journal, sous la lumière du néon. Avant de tourner une page, il passait la langue sur son index.

— Si tu y vas, nous sommes perdus... J'ai déjà eu affaire à lui...

Une expression de terreur crispait les traits de son visage. Mais moi, j'étais très calme. Je lui ai caressé doucement le front et les lèvres. J'avais envie de l'embrasser et de lui murmurer des paroles réconfortantes. Je lui ai simplement dit :

— N'aie pas peur... Ce type ne PEUT RIEN CONTRE NOUS...

Elle a essayé encore de me retenir mais j'ai ouvert la portière et je suis sorti de la voiture.

— Attends-moi là... Et si ça dure trop longtemps, retourne à l'appartement.

Pour la première fois de ma vie, j'étais sûr de moi. Ma timidité, mes doutes, cette habitude de m'excuser pour le moindre de mes gestes, de me dénigrer, de donner souvent raison aux autres contre moi, tout cela avait disparu comme tombe une peau morte. J'étais dans l'un de ces rêves où l'on rencontre les dangers et les tourments du présent mais on les évite chaque fois car on connaît déjà le futur et l'on se sent invulnérable.

J'ai poussé la porte vitrée. Il a levé la tête de son journal. Un homme d'une quarantaine d'années, les cheveux châtains, une calvitie en forme de tonsure. Il portait un manteau marron clair.

Je me suis planté devant lui.

— Monsieur Guélin, je présume ?

Il m'a considéré d'un œil froid, comme s'il évaluait le prix qu'il allait me faire payer pour mon apparente désinvolture.

— Nous serons mieux au fond...

Sa voix était plus métallique qu'au téléphone. Debout, dans son manteau, avec sa carrure et sa silhouette trapue, cette calvitie sur ce visage brutal, il me faisait penser à un ancien joueur de football.

Nous nous sommes assis à une table, au fond du café, lui sur la banquette de moleskine rouge. Personne d'autre que nous. Sauf un homme en costume de ville au comptoir où l'on vendait des cigarettes. Mais il semblait nous ignorer.

Il se tenait appuyé sur la table, les coudes écartés et me considérait toujours de ses yeux froids, le menton légèrement relevé :

— Vous avez bien fait de venir... sinon votre situation risquait de se compliquer...

Il essayait de me faire baisser les yeux. Mais

non, il n'y parvenait pas. J'avais même rapproché mon visage du sien, comme pour le défier.

— Il s'est passé quelque chose de très grave, hier après-midi, à Neuilly... Vous voyez ce que je veux dire ?

— Non.

— Vraiment ? Vous êtes un garçon intelligent et il vaut mieux me parler à cœur ouvert...

Je ne baissais pas les yeux et son visage était si proche que nos fronts allaient se toucher. Son haleine avait une odeur d'apéritif anisé.

— D'abord, vous êtes mineur... Et votre fiancée se prostitue depuis quelque temps...

Ces mots avaient été prononcés d'une voix atone mais il guettait ma réaction.

Je m'efforçais de lui sourire, un sourire très large qui devait ressembler à une grimace.

— Elle fréquente un appartement, 34 rue Desaix... Je connais bien l'endroit et la patronne... et même la plupart des clients... Vous aussi, je suppose ?

Je me suis souvenu de l'autre nuit, quand j'attendais devant les immeubles. Le viaduc du métro aérien, au bout de la rue. Et le mur d'enceinte interminable de la caserne Dupleix. Je la voyais sortir de l'un des immeubles et marcher vers moi.

— J'imagine que vous connaissez aussi le mari de votre fiancée ?

— Toutes ces choses ne me regardent pas, monsieur.

J'avais pris un ton rêveur, absent.

— Si, si, cela vous regarde. Et vous allez m'expliquer en détail ce qui s'est passé hier après-midi.

Le journal était plié dans la poche de son manteau. Tout à l'heure, j'avais demandé à Gisèle de me ramener le même journal du soir, mais elle avait oublié.

— Il ne s'est rien passé hier après-midi.

Je m'étais éloigné de lui pour ne plus sentir son haleine anisée. Je m'appuyais contre le dos du siège.

— Rien ? Vous plaisantez...

Il avait croisé les bras.

Moi, je ne pouvais détacher les yeux du journal, dans sa poche. Peut-être allait-il le déplier et me désigner la photo de l'homme que nous avions vu monter dans l'automobile d'Ansart et me dire qu'on avait repêché son corps qui flottait sous le pont de Puteaux. Mais cette perspective me laissait indifférent. C'est plus tard, vers trente ans, que j'ai commencé à ressentir de vagues remords en songeant à certains épisodes du passé, comme l'équilibriste qui éprouve un vertige rétrospectif une fois qu'il a traversé le gouffre, sur son fil.

— Vous allez venir avec moi, chez des amis. Et je vous conseille de nous donner des explications, sinon vous risquez de graves ennuis...

Le ton était sans réplique et ses yeux durs toujours fixés sur moi. J'ai senti que je perdais pied, et pour me donner du courage, j'ai dit :

— Mais vous êtes qui, au juste ?

— Je suis un ami très proche de M. Samson.

Que voulait-il insinuer par là ? qu'il faisait partie de la police ?

— Un ami très proche, c'est quoi ?

Il était gêné par ma question. Il s'est repris :

— C'est quelqu'un qui peut vous envoyer tout de suite au dépôt.

Il s'est alors produit un curieux phénomène : je n'avais pas baissé les yeux, et cet homme perdait de sa contenance. Il m'évoquait, peu à peu, ces dizaines d'individus qu'allait retrouver mon père dans des halls d'hôtels ou des cafés comme celui-ci. Souvent je l'accompagnais. J'avais quatorze ans mais j'observais tous ces gens à la lumière des néons. Chez le plus élégant d'entre eux, celui qui de prime abord semblait le plus respectable, finissait toujours par percer un marchand forain aux abois.

— Parce que vous voulez vous occuper de mon éducation ?

L'autre a paru déconcerté :

— D'ici un moment vous ne ferez plus le malin.

Mais c'était déjà trop tard pour lui. Il s'éloignait dans le temps. Il irait rejoindre tous les figurants, tous les pauvres accessoires d'une période de ma vie : Grabley, la femme aux

152

cheveux jaune paille, la Tomate, l'appartement sans meubles, un vieux pardessus bleu marine dans la foule des voyageurs de la gare de Lyon...

— Au revoir, monsieur.

J'étais dehors. Là-bas, sur la petite place, elle m'avait guetté. Elle me faisait un signe du bras. Elle avait garé la voiture à l'ombre de l'église de Saint-Germain-l'Auxerrois.

*

— J'ai eu peur qu'il ne t'emmène...

Sa main tremblait. Elle a dû tourner à plusieurs reprises la clé de contact avant de démarrer.

— Il ne fallait pas avoir peur, lui ai-je dit.

— Il était dans le bureau quand l'autre m'a interrogée. Mais je le connaissais déjà avant... Il ne t'a rien dit sur moi ?

— Non. Rien.

Nous suivions la rue de Rivoli. De nouveau, une sensation d'euphorie m'envahissait. Si nous continuions à longer ces arcades entre lesquelles scintillaient les réverbères à perte de vue, nous déboucherions sur une grande place au bord de la mer. Par la vitre baissée, je respirais déjà l'air du large.

— Tu me jures qu'il ne t'a rien dit sur moi ?

— Je te le jure.

Ce que m'avait dit ce fantôme n'avait plus aucune importance : la Petite-Roquette, le 34 de la rue Desaix et l'après-midi à Neuilly où il s'était passé « quelque chose de grave ». C'était si loin tout ça... J'avais fait un bond dans l'avenir.

— Cette nuit, il vaut mieux ne pas rester dans l'appartement.

J'avais beau lui répéter que nous ne risquions rien, elle paraissait si inquiète, si nerveuse, que j'ai fini par lui dire :

— Nous irons où tu veux...

Mais j'ai eu un serrement au cœur de la voir prisonnière de ces ombres et de ces événements qui me semblaient déjà révolus. C'était comme si je gagnais le large et que je la regardais se débattre contre le courant, derrière moi.

*

Nous sommes revenus dans l'appartement du quai Conti pour prendre ses valises. Elle m'attendait au pied du petit escalier qui montait au cinquième.

A l'instant où j'ouvrais la porte du cagibi, le téléphone a sonné. Elle restait pétrifiée à me regarder.

— Ne réponds pas.

J'ai descendu l'escalier en portant les deux valises et je suis entré dans le bureau. Les sonneries se succédaient toujours. Je cherchais à tâtons le téléphone :

— Allô...

Le silence.

— Vous êtes encore dans le café, Guélin ? ai-je demandé.

Pas de réponse. Il me semblait entendre son souffle. Elle avait pris l'écouteur. Nous étions debout, près de l'une des fenêtres. Je n'ai pu m'empêcher de jeter un regard de l'autre côté de la Seine. Là-bas, le café était éclairé. J'ai dit :

— Ça va, vieux con ?

Un souffle, de nouveau. On aurait cru le bruissement du vent dans les feuillages. Elle voulait que je raccroche, serrait dans sa main le combiné et tentait de me l'arracher mais elle n'y parvenait pas. Je le gardais, collé à mon oreille. Un soir, à la même heure, au même endroit, pendant l'Occupation, mon père avait reçu un coup de téléphone semblable. Personne ne répondait. C'était sans doute un homme comme celui de tout à l'heure, châtain, un peu chauve, le pardessus marron clair et qui appartenait au Service Permilleux chargé de dépister les juifs clandestins.

Un grésillement. On a raccroché.

— Il faut qu'on s'en aille tout de suite, m'a-t-elle dit.

Elle portait elle-même l'une de ses valises, la plus légère, et nous avons traversé le vestibule. Au moment où nous allions sortir, j'ai posé l'autre valise :

— Attends. Je reviens...

J'ai monté très vite le petit escalier et dans la chambre du cinquième j'ai pris les quelques livres qui restaient encore sur les rayonnages entre les deux fenêtres et parmi lesquels se trouvait *Aux âmes sensibles*.

Je les ai mis en tas sur l'un des draps du lit que j'ai noué comme un balluchon. Ces livres étaient rangés là bien avant l'arrivée de mon père dans l'appartement. C'était le locataire précédent, l'auteur de *La Chasse à courre*, qui les avait oubliés. Quelques-uns d'entre eux portaient le nom, sur leur page de garde, d'un mystérieux François Vernet.

Quand je suis redescendu avec mon sac improvisé, elle m'attendait sur le palier.

J'ai claqué la porte et j'ai eu l'impression de quitter l'appartement pour toujours, à cause de ces livres que j'emmenais avec moi.

*

Cette fois-ci nous avions laissé le chien dans la voiture. A notre vue, il a poussé une sorte de hululement et nous a fait la fête.

Nous avons rangé les deux valises et le balluchon de livres dans le coffre arrière.

— Où allons-nous ? lui ai-je demandé.

— A l'hôtel où j'avais pris une chambre.

J'ai pensé au concierge de nuit, à sa mâchoire carrée, ses lèvres minces et au regard méprisant qu'il posait sur nous, l'autre soir. Maintenant, je n'avais plus peur de lui.

Elle non plus d'ailleurs, car elle m'a dit :

156

— Nous aurions dû lui donner de l'argent et il aurait fermé les yeux.

Je me suis tourné vers elle.

— Tu as un peu d'argent pour partir à Rome ?

— Oui. J'ai économisé trente mille francs.

Avec l'argent de Dell'Aversano et celui d'Ansart, cela faisait plus de quarante mille francs à nous deux.

— J'ai la moitié dans une valise et j'ai caché le reste dans la maison de Saint-Leu-la-Forêt. Il faudra que j'aille le chercher demain.

Je n'osais pas lui demander la provenance de cet argent. Etait-ce les économies de son mari ? Ou ce qu'elle avait gagné au 34 de la rue Desaix, dans cet appartement auquel l'homme avait fait allusion tout à l'heure ? Mais cela n'avait plus d'importance. C'était le passé. A Rome, un soir de printemps, nous commencerions à vivre notre vraie vie. Nous aurions oublié toutes ces années d'adolescence et jusqu'au nom de nos parents.

Nous suivions les quais. La façade éteinte de la gare d'Orsay avec ses auvents rouillés qui n'ouvraient plus sur rien. Et l'hôtel, dans le même bâtiment que la gare. Nous nous étions arrêtés au feu rouge et je voyais l'entrée et le bureau de la réception.

Elle m'a dit :

— Tu veux que nous prenions une chambre ici ?

Nous aurions été les seuls clients de cet hôtel qui se confondait de l'extérieur à la gare désaffectée.

Parfois je rêve que je suis avec elle, au milieu du hall de réception. Le concierge de nuit porte un uniforme élimé de chef de gare. Il vient de nous donner notre clé. L'ascenseur ne marche plus et nous gravissons un escalier de marbre. Au premier étage, nous essayons vainement de trouver notre chambre. Nous traversons la grande salle à manger noyée de pénombre et nous nous perdons le long des couloirs. Nous finissons par déboucher dans une ancienne salle d'attente qu'éclaire une ampoule nue, au plafond. Nous nous asseyons sur la seule banquette qui subsiste. La gare ne fonctionne plus mais on ne sait jamais : le train pour Rome peut passer, par erreur, et s'arrêter quelques secondes, le temps que nous montions dans l'un des wagons.

*

Nous avons garé la voiture au coin de l'avenue de Suffren et de la petite rue de l'hôtel. Je portais les deux valises et elle le balluchon de livres. Le chien marchait devant nous, sans laisse.

La porte de l'hôtel n'était pas fermée comme la première fois. Le même concierge de nuit se tenait derrière le bureau de la réception. Il ne nous a pas tout de suite reconnus. Il a jeté un œil méfiant sur le balluchon de drap que portait Gisèle et sur le chien.

— Nous voudrions une chambre, a demandé Gisèle.

— Nous ne louons jamais pour une nuit, a dit le concierge d'un ton glacial.

— Alors, pour quinze jours, ai-je dit d'une voix douce. Et je vous paie en liquide, si vous voulez.

J'ai sorti de la poche de mon manteau la liasse de billets que m'avait donnée Dell'Aversano.

Il a paru intéressé. Il a dit :

— Je compte demi-tarif pour le chien.

C'est à cet instant-là qu'il m'a reconnu. Il fixait sur moi son œil de croupier.

— Vous êtes déjà venu l'autre soir... Vous étiez le frère de mademoiselle... Seulement, il faut me le prouver...

J'ai glissé quelques billets de cent francs dans la poche de poitrine de sa veste. Son œil s'est adouci.

— Merci, monsieur.

Il s'est retourné et a retiré une clé de l'un des casiers.

— La chambre trois pour vous et votre sœur...

Il faisait preuve, à notre égard, maintenant, d'une courtoisie professionnelle.

— C'est au premier étage.

Il me tendait la clé et se penchait vers nous.

— Ne vous trompez pas... L'hôtel n'occupe plus que le premier étage de l'immeuble. Le reste, ce sont des appartements meublés.

Il a souri.

— Evidemment, ce n'est pas très réglementaire... Mais il y a beaucoup de choses dans la vie qui ne sont pas conformes au règlement, hein ?

J'avais pris la clé, une simple clé de métal blanc qui n'avait pas l'aspect d'une clé de chambre d'hôtel.

— Pour la note, je ne pourrais pas vous donner de facture, malheureusement.

Il avait l'air désolé.

— Ne vous en faites pas, lui ai-je dit. C'est beaucoup mieux comme ça.

Nous avons gravi l'escalier, couvert d'un tapis rouge usé.

Plusieurs portes, de chaque côté du couloir. Sur chacune d'elles était écrit un numéro au crayon.

Nous sommes entrés dans la chambre numéro trois. Elle était spacieuse et haute de plafond. Une baie vitrée donnait sur la rue. Le lit, très large, avait des draps bleu ciel et une couverture écossaise. Un petit escalier en bois blanc montait jusqu'à une mezzanine. Le chien s'est couché par terre, au pied du lit.

— Nous pourrions rester là jusqu'à notre départ pour Rome, a dit Gisèle.

Mais oui. En attendant ce départ, nous ne quitterions plus le quartier, à l'exemple des voyageurs dans la salle de transit d'un aéroport avant l'embarquement. Nous ne quitterions même plus cette chambre ni ce lit. Et j'imaginais l'homme au manteau marron clair de tout à l'heure, sonnant à la porte de l'appartement du quai Conti, tôt le matin, pour venir nous chercher comme il l'avait fait vingt ans auparavant pour mon père et comme il le ferait pour l'éternité. Mais il ne mettrait jamais la main sur nous.

— A quoi penses-tu ? m'a-t-elle demandé.

— A Rome.

Elle a éteint la lampe de chevet. Nous étions sur le lit et nous n'avions pas tiré les rideaux de la grande baie vitrée. J'entendais des bruits de voix et des claquements de portières qui venaient du garage d'en face. Les reflets de son enseigne lumineuse se projetaient sur nous. Bientôt tout est devenu silencieux. Je sens ses lèvres sur ma tempe et au creux de mon oreille. Elle me demande, à voix basse, si je l'aime.

Le lendemain, nous nous sommes levés vers dix heures. Il n'y avait personne à la réception de l'hôtel.

Nous avons pris un petit déjeuner rue du Laos dans un café qui portait le nom de cette rue.

Elle m'a dit qu'elle allait chercher tout de suite le reste de l'argent à Saint-Leu-la-Forêt et qu'elle espérait que « cela se passerait bien ». Oui, elle risquait de rencontrer son mari et d'autres gens qui habitaient la maison. Mais au fond, quelle importance ? Elle n'avait plus de compte à rendre à personne.

Je lui ai proposé de l'accompagner, mais elle m'a déclaré qu'il valait mieux qu'elle y aille seule.

— Je te téléphonerai à une heure, si j'ai besoin de toi.

Nous sommes retournés à l'hôtel pour qu'elle note le numéro de téléphone. Le concierge n'était pas encore là mais sur le comptoir nous avons découvert une pile de cartes beiges où il était écrit : Hôtel-pension Ségur — appartements meublés, 7 bis rue de la Cavalerie (15e) SUF-FREN 75-55. Elle en a glissé une dans la poche de son imperméable.

Nous avons marché jusqu'à la voiture. Elle m'avait pris le bras. Elle voulait emmener le chien. Elle s'est assise au volant et lui sur la banquette arrière. J'ai trouvé un prétexte pour ne pas la quitter tout de suite. Est-ce qu'elle pouvait me déposer devant un marchand de journaux ?

Elle suivait l'avenue de Suffren vers la Seine. Elle s'est arrêtée devant le premier marchand de journaux.

— A tout à l'heure.

Elle s'est penchée par la vitre baissée et elle m'a fait un signe de la main.

*

J'avais enfoncé le journal dans ma poche. J'ai tourné dans la première rue, à gauche, je l'ai suivie et j'ai débouché sur une place au milieu de laquelle s'étendait un grand square avec un kiosque à musique.

Je me suis assis sur l'un des bancs près du kiosque pour lire le journal. Devant moi, la façade de la caserne Dupleix.

Du soleil. Un ciel sans nuages. Sur le banc voisin du mien, une femme brune d'une trentaine d'années surveillait un petit garçon qui faisait de la bicyclette.

J'ai été surpris d'entendre se rapprocher des claquements de sabots. Un groupe de cavaliers en tenue militaire entraient au pas dans la caserne. Je me suis souvenu que les dimanches matin de mon enfance, j'entendais les mêmes claquements de sabots quand le cortège de la Garde républicaine passait sur le quai.

A la page des faits divers, je n'ai pas trouvé la photo de l'homme qu'ils avaient fait monter dans leur voiture, dimanche après-midi. Rien sur Ansart, ni sur Jacques de Bavière, ni sur Martine Gaul.

J'ai pensé que l'autre nuit nous étions tout près d'ici et j'ai décidé de marcher jusqu'à la rue Desaix, sans savoir exactement où elle était. Mais il suffisait de longer le mur de la caserne.

J'ai reconnu l'immeuble du 34. Oui, c'était bien là que je l'avais attendue. Le viaduc du métro aérien, à gauche, bouchait l'horizon de la rue. A quel étage était l'appartement ?

J'ai repris le même chemin et, de nouveau, j'étais sur la place au square, devant la caserne.

J'ai rejoint l'avenue de Suffren et la petite rue de l'hôtel.

Il n'y avait toujours personne à la réception. L'appareil était posé sur le rebord de bois au-dessous des casiers. Il était près d'une heure. Je me suis accoudé au bureau. Une heure. Une heure un quart. Aucune sonnerie de téléphone. J'ai décroché pour vérifier si l'appareil fonctionnait bien et j'ai entendu la tonalité.

Elle m'avait donné rendez-vous vers deux heures, au café, rue du Laos. Je n'avais pas envie de remonter dans la chambre. Je suis sorti et j'ai suivi l'avenue de Suffren, mais cette fois-ci dans l'autre sens. L'avenue était plus paisible de ce côté-là. Le long du trottoir opposé, les bâtiments anciens de l'Ecole militaire. Et les rangées de platanes. Nous ne verrions pas leurs feuilles le printemps prochain car nous serions à Rome.

A mesure que je marchais, il me semblait que j'étais déjà dans une ville étrangère et que je devenais quelqu'un d'autre. Ce que j'avais vécu dans mon enfance et les quelques années suivantes, jusqu'à ma rencontre avec Gisèle, se détachait doucement de moi par lambeaux, se diluait, au point que, de temps en temps, je faisais un dernier effort pour retenir quelques bribes avant qu'elles se volatilisent : les années de collège, la silhouette de mon père en manteau bleu marine, ma mère, Grabley, les reflets du bateau-mouche au plafond de la chambre...

A deux heures moins dix, j'étais arrivé devant le café de la rue du Laos. Elle n'était pas encore là. J'ai voulu lui acheter, chez le fleuriste d'en face, un bouquet de roses mais je n'avais pas d'argent sur moi. J'ai marché jusqu'à l'hôtel. Quand je suis entré, le concierge de nuit se tenait derrière le bureau de la réception.

Il me regardait fixement. Il était devenu tout rouge.

— Monsieur...

Il ne trouvait pas les mots mais j'avais compris avant même de l'entendre. Votre amie. Accident. Juste après le pont de Suresnes. On avait découvert la carte de l'hôtel dans la poche de son imperméable et on avait téléphoné ici.

Je suis sorti machinalement. Dehors, tout était léger, clair, indifférent, comme le ciel de janvier quand il est bleu.

ŒUVRES DE PATRICK MODIANO

Aux Éditions Gallimard

LA PLACE DE L'ÉTOILE, *roman.*

LA RONDE DE NUIT, *roman.*

LES BOULEVARDS DE CEINTURE, *roman.*

VILLA TRISTE, *roman.*

EMMANUEL BERL, INTERROGATOIRE.

LIVRET DE FAMILLE, *roman.*

RUE DES BOUTIQUES OBSCURES, *roman.*

UNE JEUNESSE, *roman.*

DE SI BRAVES GARÇONS, *roman.*

QUARTIER PERDU, *roman.*

DIMANCHES D'AOÛT, *roman.*

UNE AVENTURE DE CHOURA, illustrations de Dominique
   Zehrfuss.

UNE FIANCÉE POUR CHOURA, illustrations de Dominique
   Zehrfuss.

VESTIAIRE DE L'ENFANCE, *roman.*

VOYAGE DE NOCES, *roman.*

UN CIRQUE PASSE, *roman.*

En collaboration avec Louis Malle :

LACOMBE LUCIEN, *scénario.*

et en collaboration avec Sempé :

CATHERINE CERTITUDE.

COLLECTION FOLIO

Dernières parutions

2461.	Patrick Mosconi	*Louise Brooks est morte.*
2462.	Arto Paasilinna	*Le lièvre de Vatanen.*
2463.	Philippe Sollers	*La Fête à Venise.*
2464.	Donald E. Westlake	*Pierre qui brûle.*
2465.	Saint Augustin	*Confessions.*
2466.	Christian Bobin	*Une petite robe de fête.*
2467.	Robin Cook	*Le soleil qui s'éteint.*
2468.	Roald Dahl	*L'homme au parapluie et autres nouvelles.*
2469.	Marguerite Duras	*La douleur.*
2470.	Michel Foucault	*Herculine Barbin dite Alexina B.*
2471.	Carlos Fuentes	*Christophe et son œuf.*
2472.	J.M.G. Le Clézio	*Onitsha.*
2473.	Lao She	*Gens de Pékin.*
2474.	David McNeil	*Lettres à Mademoiselle Blumenfeld.*
2475.	Gilbert Sinoué	*L'Égyptienne.*
2476.	John Updike	*Rabbit est riche.*
2477.	Émile Zola	*Le Docteur Pascal.*
2478.	Boileau-Narcejac	*...Et mon tout est un homme.*
2479.	Nina Bouraoui	*La voyeuse interdite.*
2480.	William Faulkner	*Requiem pour une nonne.*
2482.	Peter Handke	*L'absence.*
2483.	Hervé Jaouen	*Connemara Queen.*
2484.	Ed McBain	*Le sonneur.*
2485.	Susan Minot	*Mouflets.*

2486. Guy Rachet — *Le signe du taureau (La vie de César Borgia)*.

2487. Isaac Bashevis Singer — *Le petit monde de la rue Krochmalna*.

2488. Rudyard Kipling — *Kim*.

2489. Michel Déon — *Les trompeuses espérances*.

2490. David Goodis — *Le casse*.

2491. Sébastien Japrisot — *Un long dimanche de fiançailles*.

2492. Yukio Mishima — *Le soleil et l'acier*.

2493. Vladimir Nabokov — *La Vénitienne et autres nouvelles*.

2494. François Salvaing — *Une vie de rechange*.

2495. Josyane Savigneau — *Marguerite Yourcenar (L'invention d'une vie)*.

2496. Jacques Sternberg — *Histoires à dormir sans vous*.

2497. Marguerite Yourcenar — *Mishima ou la vision du vide*.

2498. Villiers de L'Isle-Adam — *L'Ève future*.

2499. D. H. Lawrence — *L'Amant de Lady Chatterley*.

2500. Collectif — *Mémoires d'Europe I*.

2501. Collectif — *Mémoires d'Europe II*.

2502. Collectif — *Mémoires d'Europe III*.

2503. Didier Daeninckx — *Le géant inachevé*.

2504. Éric Ollivier — *L'escalier des heures glissantes*.

2505. Julian Barnes — *Avant moi*.

2506. Daniel Boulanger — *La confession d'Omer*.

2507. Nicolas Bréhal — *Sonate au clair de lune*.

2508. Noëlle Châtelet — *La courte échelle*.

2509. Marguerite Duras — *L'Amant de la Chine du Nord*.

2510. Sylvie Germain — *L'Enfant Méduse*.

2511. Yasushi Inoué — *Shirobamba*.

2512. Rezvani — *La nuit transfigurée*.

2513. Boris Schreiber — *Le tournesol déchiré*.

2514. Anne Wiazemsky — *Marimé*.

2515. Francisco González Ledesma — *Soldados*.

2516. Guy de Maupassant — *Notre cœur*.

2518. Driss Chraïbi — *L'inspecteur Ali*.

2519. Pietro Citati — *Histoire qui fut heureuse, puis douloureuse et funeste*.

2520. Paule Constant — *Le Grand Ghâpal.*
2521. Pierre Magnan — *Les secrets de Laviolette.*
2522. Pierre Michon — *Rimbaud le fils.*
2523. Michel Mohrt — *Un soir, à Londres.*
2524. Francis Ryck — *Le silencieux.*
2525. William Styron — *Face aux ténèbres.*
2526. René Swennen — *Le roman du linceul.*
2528. Jerome Charyn — *Un bon flic.*
2529. Jean-Marie Laclavetine — *En douceur.*
2530. Didier Daeninckx — *Lumière noire.*
2531. Pierre Moinot — *La descente du fleuve.*
2532. Vladimir Nabokov — *La transparence des choses.*
2533. Pascal Quignard — *Tous les matins du monde.*
2534. Alberto Savinio — *Toute la vie.*
2535. Sempé — *Luxe, calme & volupté.*
2537. Abraham B. Yehoshua — *L'année des cinq saisons.*
2538. Marcel Proust — *Les Plaisirs et les Jours* suivi de *L'Indifférent* et autres textes.
2539. Frédéric Vitoux — *Cartes postales.*
2540. Tacite — *Annales.*
2541. François Mauriac — *Zabé.*
2542. Thomas Bernhard — *Un enfant.*
2543. Lawrence Block — *Huit millions de façons de mourir.*
2544. Jean Delay — *Avant Mémoire (tome II).*
2545. Annie Ernaux — *Passion simple.*
2546. Paul Fournel — *Les petites filles respirent le même air que nous.*
2547. Georges Perec — *53 jours.*
2548. Jean Renoir — *Les cahiers du capitaine Georges.*
2549. Michel Schneider — *Glenn Gould piano solo.*
2550. Michel Tournier — *Le Tabor et le Sinaï.*
2551. M. E. Saltykov-Chtchédrine — *Histoire d'une ville.*
2552. Eugène Nicole — *Les larmes de pierre.*
2553. Saint-Simon — *Mémoires II.*
2554. Christian Bobin — *La part manquante.*
2555. Boileau-Narcejac — *Les nocturnes.*
2556. Alain Bosquet — *Le métier d'otage.*

2557. Jeanne Bourin — *Les compagnons d'éternité.*
2558. Didier Daeninckx — *Zapping.*
2559. Gérard Delteil — *Le miroir de l'Inca.*
2560. Joseph Kessel — *La vallée des rubis.*
2561. Catherine Lépront — *Une rumeur.*
2562. Arto Paasilinna — *Le meunier hurlant.*
2563. Gilbert Sinoué — *La pourpre et l'olivier.*
2564. François-Marie Banier — *Le passé composé.*
2565. Gonzalo Torrente Ballester — *Le roi ébahi.*
2566. Ray Bradbury — *Le fantôme d'Hollywood.*
2567. Thierry Jonquet — *La Bête et la Belle.*
2568. Marguerite Duras — *La pluie d'été.*
2569. Roger Grenier — *Il te faudra quitter Florence.*
2570. Yukio Mishima — *Les amours interdites.*
2571. J.-B. Pontalis — *L'amour des commencements.*
2572. Pascal Quignard — *La frontière.*
2573. Antoine de Saint-Exupéry — *Écrits de guerre (1939-1944).*
2574. Avraham B. Yehoshua — *L'amant.*
2575. Denis Diderot — *Paradoxe sur le comédien.*
2576. Anonyme — *La Châtelaine de Vergy.*
2577. Honoré de Balzac — *Le Chef-d'œuvre inconnu.*
2578. José Cabanis — *Saint-Simon l'admirable.*
2579. Michel Déon — *Le prix de l'amour.*
2580. Lawrence Durrell — *Le sourire du Tao.*
2581. André Gide — *Amyntas.*
2582. Hervé Guibert — *Mes parents.*
2583. Nat Hentoff — *Le diable et son jazz.*
2584. Pierre Mac Orlan — *Quartier Réservé.*
2585. Pierre Magnan — *La naine.*
2586. Naguib Mahfouz — *Chimères.*
2587. Vladimir Nabokov — *Ada ou l'Ardeur.*
2588. Daniel Boulanger — *Un été à la diable.*
2589. Louis Calaferte — *La mécanique des femmes.*
2590. Sylvie Germain — *La Pleurante des rues de Prague.*
2591. Julian Gloag — *N'éveillez pas le chat qui dort.*
2592. J.M.G. Le Clézio — *Étoile errante.*
2593. Louis Malle — *Au revoir, les enfants.*
2595. Jean-Bernard Pouy — *L'homme à l'oreille croquée.*

2596. Reiser — *Jeanine.*
2597. Jean Rhys — *Il ne faut pas tirer les oiseaux au repos.*

2598. Isaac Bashevis Singer — *Gimpel le naïf.*
2599. Andersen — *Contes choisis.*
2600. Jacques Almira — *Le Bar de la Mer.*
2602. Dominique Bona — *Malika.*
2603. John Dunning — *Les mécanos de la mort.*
2604. Oriana Fallaci — *Inchallah.*
2605. Sue Hubbell — *Une année à la campagne.*
2606. Sébastien Japrisot — *Le passager de la pluie.*
2607. Jack Kerouac — *Docteur Sax.*
2608. Ruth Rendell/Helen Simpson — *Heures fatales.*
2609. Tristan L'Hermite — *Le Page disgracié.*
2610. Alexandre Dumas — *Les Trois Mousquetaires.*
2611. John Updike — *La concubine de saint Augustin et autres nouvelles.*
2612. John Updike — *Bech est de retour.*
2613. John Updike — *Un mois de dimanches.*
2614. Emmanuèle Bernheim — *Le cran d'arrêt.*
2615. Tonino Benacquista — *La commedia des ratés.*
2616. Tonino Benacquista — *Trois carrés rouges sur fond noir.*
2617. Rachid Boudjedra — *FIS de la haine.*

Composition Bussière
et impression S.E.P.C.
à Saint-Amand (Cher), le 20 août 1994.
Dépôt légal : août 1994.
Numéro d'imprimeur : 1384-1229.
ISBN 2-07-038927-8./Imprimé en France.